河北省自然科学基金项目"社会化电子商务企业的顾客知识机制及模式研究"（批准号：G2019202393）

U0582847

经管文库·管理类
前沿·学术·经典

社会化商务中基于
顾客知识转移的利益分配研究

RESEARCH ON BENEFIT DISTRIBUTION
BASED ON CUSTOMER KNOWLEDGE
TRANSFER IN SOCIAL BUSINESS

刘 璞 焦 帅 张沫迪 著

经济管理出版社
ECONOMY & MANAGEMENT PUBLISHING HOUSE

图书在版编目（CIP）数据

社会化商务中基于顾客知识转移的利益分配研究/刘璞，焦帅，张沫迪著 . —北京：经济
管理出版社，2023.4（2023.8 重印）

ISBN 978-7-5096-8980-6

Ⅰ.①社… Ⅱ.①刘… ②焦… ③张… Ⅲ.①电子商务—销售管理—研究 Ⅳ.①F713.36

中国国家版本馆 CIP 数据核字（2023）第 061455 号

组稿编辑：赵天宇
责任编辑：赵天宇
责任印制：黄章平
责任校对：王淑卿

出版发行：经济管理出版社
　　　　　（北京市海淀区北蜂窝 8 号中雅大厦 A 座 11 层　100038）
网　　　址：www. E-mp. com. cn
电　　　话：（010）51915602
印　　　刷：唐山玺诚印务有限公司
经　　　销：新华书店
开　　　本：720mm×1000mm/16
印　　　张：13.75
字　　　数：208 千字
版　　　次：2023 年 4 月第 1 版　　2023 年 8 月第 2 次印刷
书　　　号：ISBN 978-7-5096-8980-6
定　　　价：88.00 元

前　言

　　社会化商务（Social Commerce，SC）已成为中国网络零售市场的重要增长极。顾客知识转移（Customer Knowledge Transfer，CKT）作为社会化商务的核心业务，对于社会化商务的发展尤为重要。社会化商务平台的顾客知识转移活动产生的利益分配问题涉及平台、品牌方和顾客，其公平性影响到了社会化商务平台的长久发展。本书以社会化商务顾客知识转移为背景，围绕转移知识的顾客对所分配利益的公平感知，以及由顾客知识转移产生的利益的分配模式和分配方法展开研究。研究结果有助于企业提高顾客对知识转移活动利益分配的感知公平，优化不同情境下的利益分配方法，从而为社会化商务中顾客知识转移活动的利益分配进行有效的理论指导。

　　本书是河北省自然科学基金项目（批准号：G2019202393）的研究成果。在此，十分感谢河北省自然科学基金委员会对本研究项目予以立项资助，使我们有机会从事社会化商务中基于顾客知识转移活动所产生利益的分配研究，这一领域目前虽然涉足者甚少，但近两年也有部分这一领域的研究成果涌现。本书的创新之处在于以下两个方面：

　　其一，分析了社会化商务平台中基于顾客知识转移形成利益的分配公平感知问题，为促进社会化商务平台的顾客知识转移提供了新的研究视角；从组态角度揭示了顾客利益分配公平感知的因果复杂性，基于利益分配不同情境给出顾客感知公平影响因素的差异组合条件是对现有利益分配公平感知单因素影响研究的拓展和丰富；考虑了利益形成阶段和利益分配阶段所属要素在利益分配公平感知中的互补和替代关系，完善了利益分配公平感知的影响因素分析框架。

其二，首次基于社会化电子商务企业顾客知识转移的情景，从企业发展阶段和知识显性化难易程度两个维度，构建利益分配模式的基础场景，并提出社会化商务企业顾客知识转移的四种利益分配模式和方法。在进行社会化电子商务企业顾客知识转移利益分配研究时，所分配的利益不仅包括相关经济利益，还包括非经济利益。构建了以各主体的最优营销努力占比与总利益的乘积为基础的利益分配方法，以解决集中决策下的利益分配问题。

全书内容共分为三篇：第一篇为绪论，主要阐述研究背景和研究意义等；第二篇为 SC-CKT 利益分配中顾客公平感知的前因组态研究，主要从顾客视角探讨影响其社会化商务顾客知识转移的利益分配的公平感知要素集及其作用；第三篇为 SC-CKT 利益分配模式与方法，在量化社会化商务顾客知识转移利益相关者的投入和产出的基础上，以社会化商务企业发展阶段和所转移知识显性化的难易程度为划分维度构建了四种利益分配模式，分别是分散型、集中型、选择型和合作型，并对每种分配模式提出了利益分配方法。

本书是笔者及团队辛勤研究的成果。刘璞教授负责全书的研究设计与指导。各篇作者如下：第一篇由刘璞、张紫薇、张沫迪撰写；第二篇由刘璞、张沫迪撰写。除署名作者外，本书修订过程中还得到了研究生王锡锡同学、陈曦同学和刘敏同学的协助。在研究过程中，我们也获得了多位专家的支持。这些专家包括首都经济贸易大学王永贵、河北工业大学张培、河北工业大学王树强等教授。在此，我们谨对他们表示衷心的感谢！

由于本书研究主题属于新兴领域，书中可能有考虑不周之处，欢迎广大读者批评指正，以便在后续研究中改进和完善。

作　者

2022 年 12 月 6 日

目　录

第一篇　绪论

第二篇 SC-CKT利益分配中顾客公平感知的前因组态研究

第三篇　SC-CKT 利益分配模式与方法

第一篇

绪　论

第一章　引言

第一节　社会化商务特征

随着社交媒体的不断发展，2005 年雅虎公司首次提出了社会化电子商务的概念。社会化电子商务又称社会化商务、社交商务，是一种依托于社交媒体进行电子商务活动的新型商务模式（陶晓波等，2015），即顾客在社交媒体上与其他顾客进行交流互动，而在这个过程中，顾客得到了其他顾客发布的具有价值的产品相关知识和信息，进而促进顾客产生购买意愿和行为（沈璐等，2016）。在社会化商务中，用户能够便捷地与他人在平台上分享自己的购物体验并进行互动。与传统的电子商务相比，社会化商务具有用户交互（Belk，2013）、网络口碑（范晓屏，2007）、黏性（Zhang 等，2014）、信息流动（Peter，2021）和个性化（谭舒和李飞翔，2017）等社会化特征，在注重商务的基础上，增添了诸多人的因素，建立了人与人的网络关系，发挥着人际影响作用（张育强和文兴斌，2009）。如今，社会化商务的出现，使用户能够更加便利地与其他用户交流和互动，从而了解更多有用的产品信息，进而提升用户的购物体验。2022 年，中国 SC 市场规模达 6.79 万亿元，同比增长 45%，已成为中国网络零售市场的重要增长极。

SC 的发展先后经历了野蛮生长期、多元探索期和高速发展期三个阶段。2012~2015 年是 SC 的野蛮生长期，最初是以个人代购和团队化分销的微商为主要形式。2015~2018 年，逐渐涌现新的形态，进入多元探索期，内容型、拼购型、社区型、会员分销型 SC 出现并成为 SC 的重要类型。以"小红书""蘑菇街""美丽说"等为代表的平台以顾客分享内容和购物心得等方式寻求流量变现；"拼多多""淘宝特价版""京东拼购"等专注于拼团购物的 SC 平台依赖熟人社交和分享裂变的拼购型 SC 成型；"考拉精选"和"兴盛优选"等平台则更加依赖邻里关系构建了社区型 SC；"云集""贝店"等平台上线了"S2b2c"模式，由平台组建商品供应、物流、售后等零售服务能力，末端通过自有社交关系进行会员用户分销，该模式也被称为会员分销型。2018 年至今，SC 进入高速发展期，"抖音直播""快手直播"等短视频社交平台兴起，直播带货的直播型 SC 迅速发展。可以说，整个 SC 行业业态日益呈现多样性。

社会化商务既可以被理解为一种新型的电子商务模式，也可以被理解为一种新型的网络购物市场。即建立在以购物为导向的社交媒体的基础上，将社交媒体的应用贯穿于消费者购买前、购买中和购买后的整个过程。可以说，社会化商务是社交网络活动和购物的结合体（Wang 和 Zhang，2012）。

相比于传统的电子商务模式，对社会化商务特征的研究集中在个性化、互动性、社交性、推荐性、黏性和商业意图等。国内学者张婉（2016）认为，社会化商务融入了更多的"社会化"因素，充分体现了其开放性和交互性的特点，强调了客户贡献和用户自生内容的重要性。而关于社会化商务的要素和特征研究，陶晓波等（2015）分别从四个方面作出分析，其中，社交媒体、人际互动、商业意图与信息流动为社会化商务的四个要素，这四个要素也体现出社会化商务的四个特征，即：社交媒体是社会化商务的基础平台与环境保障；人际互动行为是社会化商务的依托手段与重要前提；商业意图的融入是社会化商务的必要条件与核心动力；信息流动是社会化商务的内在特征与外在表现。它们四者相辅相成，缺一不可。

然而，数字技术的发展及数字平台的出现，改变了传统品牌的创建环境，数字环境具有更丰富的信息、更广泛的传播、更活跃的互动。这种环境使社会化商务特征出现了以下两点新的变化：一是知识开放性。数字化的知识、信息存储形式解除了时间和空间的限制，允许用户免费访问、下载（Belk，2013）；二是参与主体平等性。虚拟社会具备匿名性、虚拟性，顾客是以化身、照片和视频的形式脱离实体，不受如性别、年龄、知识背景等社会约束，可以平等地进行交流（范晓屏，2007）。知识开放性特征可以增加产品或服务知识在顾客之间的流动性，打破信息不平等，同时参与主体平等性更能够促进顾客参与，从而促进信息、知识的转移。因此，本书认为，社会化商务主要呈现以下四种特征：

（1）个性化。个性化是社会化商务平台基于顾客需求、偏好和个人资料等为其量身推荐和定制内容，使网站内容和个人喜好高度契合度（Zhang 等，2014）。

（2）社交性。社交性被定义为社会化商务利用计算机通信技术增强顾客的社会在线互动，从而支持顾客购物交易的决策（张洪等，2017）。

（3）知识开放性。"开放"是指数字的、在线的、免费的，并且大多数是不受版权和许可限制的（Peter，2021），知识开放性则是指数字的、在线的、免费的知识不受版权许可限制，顾客自由获取和转移。在此定义中，知识包括事实性知识和价值性知识两种，其中，事实性知识是指被科学证实的客观性知识，而价值性知识是指经过个体加工的知识，具有主观色彩（谭舒和李飞翔，2017），包含社会化商务平台上顾客的意见、建议、经验和信息等。

（4）参与主体平等性。参与主体平等性主要包括身份地位的平等性和话语的平等性。身份地位的平等性表明在以计算机为媒介的匿名网络环境中，参与者身份以数字或符号的形式展现，不受等级、权威、权力、血缘关系的影响。话语的平等性表明在一个充满民主、平等的虚拟社会，网络大大削弱了严格的等级观念，参与者之间能够平等地交流、互相对话（张育强和文兴斌，2009）。

第二节　社会化商务背景下的顾客知识转移活动

根据艾瑞咨询发布的《2019年中国社交电商行业研究报告》，社会化商务平台种类繁多，主要分为四类：①拼购类社交电商，如拼多多、苏宁拼购、京东拼购等；②内容类社交电商，如小红书、淘宝、抖音电商、快手电商、蘑菇街等；③会员制社交电商，如贝店、云集、爱库存等；④社区拼团，如兴盛优选、考拉精选、松鼠拼拼等。之后，随着社会化商务的逐渐发展，《2021年中国社交电商行业全景图谱》显示，除拼购类、会员分销类、社区团购类、内容类外，直播类的社会化商务平台也开始出现，并被人们所熟知，如抖音直播、快手直播等。

虽然在这几类社会化商务平台中，它们都具有社会化和媒体相互结合的特征。但是，具体到每一个平台时，它们之间也存在着诸多差异。例如，在拼购类平台中，虽然其顾客知识转移的发起者包含所有用户，但是，顾客转移的知识过于单一，仅仅涉及"发起""转发拼团""帮助砍价"等活动；在会员制平台中，会员主要是为了获得佣金，将平台内的商品或服务链接直接分享给其他用户，并引导其他用户至平台购物消费；在社区拼团平台中，社区团长是将产品链接直接发往社区，其他用户可以通过"预购+自提"的模式，当天在线上下单，次日到门店自提。由此可见，这三类社会化商务平台的"顾客行为"主要是分享产品链接等客观信息给他人，较少涉及顾客对产品知识的主观表达和陈述。而相较于这三类社会化商务平台，内容类和直播类平台的顾客知识转移的程度更高、顾客转移的知识更为丰富。因为在内容类和直播类的社会化商务平台中，顾客可以通过文字、视频或直播的形式进行顾客知识转移活动，并将自己对产品的理解和使用体验等主观知识发布到平台中。这一活动不仅可以为平台内的其他用户提供更多与产品有关的知识信息，还可以使顾客同其他用户进行"社区互动"。由此，形成顾客知识转移的正循环。基于此，本书将主要以内容类和直播类的社会化商务为研究对象，并将二者统称为知识型社会化商务平台。

另外，根据研究发现，在知识型社会化商务中，并不是所有顾客都会与平台、商家产生利益关系。结合实际现实情况可知，只有存在一定粉丝基础，且同社会化商务平台和商家产生商业合作行为的顾客，可以通过平台内的顾客知识分享，推动信息知识流动，以促进顾客知识转移进程完成，进而使社会化商务顾客知识转移的总体利益形成，并实现利益在成员之间的分配工作。但是，利益分配是否公平合理，在很大限度上也对顾客知识转移产生影响，因为不公平的利益分配可能会导致顾客对平台产生不满情绪，不愿意进行知识转移，或者知识转移行为半途中止。只有当顾客能从知识转移中获得符合自身期望的利益时，他们才会积极参与其中，顾客知识转移才能取得比较好的效果。有研究指出，合作方的利益分配是一个非常关键而且矛盾突出的问题，直接会关系到合作的成功或失败（穆喜产等，2009；曾江洪和肖沙，2017）。

不过，在上述不同 SC 类型中，顾客分享的内容基本可以分为两类，即客观的信息和主观的知识。二者区别在于是否经过分享者加工处理，相对来说，顾客分享的知识所产生的增值高于其分享的信息。信息分享只是对产品或品牌的客观信息进行了转移，如产品型号、功能和特征等，并没有对这些信息进行主观创造；而知识分享则基于顾客对产品或品牌信息的主观价值创造、加工处理，形成了顾客独特的使用知识，如用户产品体验、购物攻略、测评报告等。基于此，可以将 SC 根据顾客分享的内容不同分为信息分享型和知识分享型两类，如表 1-1 所示。

表 1-1　基于顾客分享内容特征的 SC 类型

类型	范围	概念	特点	代表案例
信息分享型	拼团型	通过特色、低价商品吸引社交流量参与拼团砍价	由发起拼团和砍价的顾客转发拼团的相关信息	"拼多多""淘宝特价版"
	会员分销型	基于社交，以 S2b2c 的模式将供应商和消费者连接起来，实现商品流通	由平台会员发布商品的相关信息	"云集""贝店"
	社区拼购型	围绕线下生活社区，平台通过团长将商品销售给社区用户	由团长进行链接投放及订单收集	"考拉精选""兴盛优选"

续表

类型	范围	概念	特点	代表案例
知识分享型	内容型	通过内容运营（图文、短视频），触发消费者体验和购买	由顾客分享自身创作的内容	"小红书""蘑菇街"
	直播型	通过网红KOL在直播过程中向粉丝群体推荐商品而完成商品销售	由KOL直播商品的使用体验	"抖音直播""快手直播"

根据分类标准，会员分销型、拼购型及社区型SC属于信息分享型，内容型和直播型SC属于知识分享型。由于在知识分享型SC顾客投入了更多的时间成本、设备成本、机会成本以及智力因素等进行知识创造和分享，因而产生了基于顾客知识转移的价值增值，为平台带来了具有变现能力的商务属性。

在知识分享型SC中，顾客、商家和平台都参与了顾客知识转移，并促进其利益产生。发布知识的顾客（以下简称博主）作为知识转移的发起者和创作者，生产较高质量的知识内容，将隐性知识显性化（高长春等，2019）。进而能够为受众提供所需要的知识内容，影响其购买决策，帮助商家传播和销售产品（卢俊义和王永贵，2011）。商家作为产品或品牌的提供者，为博主的知识转移提供产品品牌及相关信息。平台是知识转移活动的环境建立和维护者，也是转移过程的监督者（李刚和卢艳强，2019），即提供了一个顾客知识转移的载体，保障了各主体的顺利合作。在整个顾客知识转移的过程中，不仅能够产生销售带来的产品利润，还能够为各主体的影响力带来增值。

第三节　研究意义与研究框架

一、研究意义

在新的竞争环境下，许多企业的成功在于它们能够比其他企业更有效地利用学习获得外界的知识，在当前社交媒体广泛应用的情境下，企业更需要从顾客那里获得知识。对于社会化电子商务企业来说，顾客是其中的核心驱动要素（张冕和鲁耀斌，2014），不仅表现为顾客是产品服务的使用者，还是组织价值创造的重要知识源。例如，小米公司借助"米粉"的力量进行新产品的开发和测试工作，奥利奥也推出了由顾客参与的新口味开发和评选活动。可以说，顾客正逐渐成为企业创造核心价值的重要伙伴（穆喜产等，2009）。而企业是否能顺利获取顾客的知识，取决于顾客的知识转移（洪志生等，2015）。

相较一般企业，社会化电子商务更有利于顾客将自己的购买意愿和偏好乃至掌握和理解的产品新功能、新技术等知识，通过与其他顾客和客服人员的交流表现出来，但顾客知识转移是否成功，除了企业自身能力、组织结构、知识创新环境、企业与顾客的交流方式和频率、顾客知识转移意愿等问题（宋燕和胡飞，2017），在很大程度上会因利益分配不合理而导致顾客不愿意进行知识转移，或者知识转移行为半途中止；相应地，企业也可能因为利用顾客转移的知识建构的新知识、形成的新价值与原定的利益分配之间不匹配，导致企业利益受损。而只有当企业和顾客都能从顾客的知识转移中获得符合自身期望的利益，他们才会积极参与其中，顾客知识转移才能取得比较好的效果。有研究指出，合作方的利益分配是一个非常关键且矛盾突出的问题，直接关系到参与各方合作的失败或破裂（穆喜产等，2009；曾江洪和肖沙，2017）。因此，如何更好地在社会化电子商务企业和顾客间就顾客知识转移后形成的利益进行分配，是提高顾客转移知识积极性、保障企业利益的关键问题，亟须理论界就此进行解答。

根据对国内外相关研究梳理的结果可知：①顾客参与是社会化电子商务活动的重要特征（沙志生等，2015）；有效的顾客特定知识的转移是当代组织顾客价值创造的基石（Nätti等，2006）。对于社会化商务平台来说，引导顾客知识转移活动对于企业实现商务模式创新、服务创新、价值创造等具有重要的理论和现实意义。②当前的知识转移研究更多地关注静态的知识转移问题，是对已有知识在不同个体、团队或组织间的转移问题。在知识转移的过程中，显性报酬和心理契约、非理性的互惠性偏好、声誉效应对隐性知识的转移影响都存在一定影响，并且研究指出，社会网络是隐性知识转移的基础，网络中隐性知识转移的激励机制是提高知识转移效果的核心问题。③对有关知识转移影响因素的研究主要集中于知识转移所处的环境影响、知识转移过程和结果的特征、知识转移的参与方的特征以及转移的知识的特征四个方面，影响因素表现出多样性的特征，可以为本书研究分析社会化电子商务的相关利益分配影响机制提供有益的启示。④当前研究提出的利益分配模式主要是出于对参与利益分配的组织形式、信息条件、努力程度、活动的阶段特征、风险等因素的考量而进行的设计，由于知识在成员中的转移是一个非线性的过程，而且一些软性约束条件的存在引致知识转移困境的存在，顾客对利益的不同诉求有多种类型，那么同时考虑其他的非经济性因素的补偿可能是解决知识转移困境的路径之一。由于目前社会化电子商务仍处于发展初期，相关研究才刚刚开始，因此尚未发现针对社会化电子商务企业的顾客知识转移活动产生的利益进行分配方面的研究。

与企业间、团队内部或组织内部的利益分配不同的是，社会化电子商务企业面对的是如下境况：①基于顾客知识转移的活动不仅会形成企业新增利益（或称企业新价值），而且会产生顾客利益（或称顾客价值）；利益的衡量不仅有对经济利益的衡量，还有对非经济利益的衡量，这既是社会化电子商务企业进行利益分配的基石，也是其与其他情境的区别。②顾客对利益的诉求除经济利益外，可能还有社会利益和情感利益，因此，利益分配不只涉及经济利益分配的问题。③顾客并不会像企业间联盟一样有清晰的界限，他们进入和退出知识转移活动的时间差异也使不易从活动初始就建立活动效果的利益贡献分配法则，而且相应的计算更复杂。④社会化电子商务企业与顾客的社交化互动性质，导致这种知识转移过程具有社会网络的某些特征。由于上述存在的跨组织边界的组织和个体之间的区别、活动双方所得利益的多样性表现、投入产出模糊性、顾客参与方式的动态性及受社交属性的影响等，都使不能把其他研究成果简单拿来应用于企业与顾客业的利益分配，需要对此寻找出新的解决方案。鉴于此现实问题的迫切性和学术前沿性，本书围绕社会化电子商务企业的顾客知识转移活动研究其利益分配模式问题，以期为社会化电子商务企业顾客知识转移活动的利益分配进行有效的理论指导。

本书引入知识基础理论（Knowledge-based Theory）以分析协调和整合不同个体所拥有的知识的基本规律，引入价值创造理论（Value Creation）以衡量基于知识转移所创造的顾客和企业价值/利益水平，引入社会网络理论（Social Network）以解构社会化电子商务中顾客处于特定的虚拟化社会网络中的行为规则，进一步地，采用模糊合作博弈理论（Fuzzy Game Theory）的方法，结合对不同顾客的利益诉求、参与程度及参与时间、活动存在的风险、知识特性及其他可能影响利益分配的因素及其作用的分析，回答此类问题下的利益分配模式问题，并检验其有效性，从而为社会化电子商务企业更有效地促进顾客进行知识转移、进行新价值创造提供理论支持。本书对社会化网络环境中的利益分配机理的考察也充分体现了冯芷艳等（2013）所提出的社会化的价值创造、网络化的企业运作及实时化的市场洞察三个前瞻性视角的交叉与融合。

1. 理论意义

本书认为，社会化电子商务企业的顾客知识转移活动是基于顾客和企业、顾客之间的社交完成的活动，其投入和产出具有多样性、模糊性和社交性的特点，利益分配模式受利益诉求差异、顾客特征，以及转移知识的特性、风险和公平等的影响而不同，进而提出社会化电子商务企业顾客知识转移的利益分配的模式。本书通过模糊合作博弈的角度，将经济利益和非经济利益的分配相结合，通过解析顾客和企业投入和产出增值价值和相关因素对利益分配的影响作用，建立基于顾客和企业主从决策要素的利益分配模型，进而凝练不同情境下的利益分配模式。所构建的利益分配模式能在揭示利益分配影响机制的前提下对社会化电子商务企业的顾客知识转移活动的利益分配进行更有效的理论指导。

2. 实践意义

本书所提出的社会化电子商务顾客知识转移的利益分配模式紧扣国家大力发展电子商务的战略规划，能够解决当前社会化电子商务企业如何有效推动顾客知识转移的现实问题，进而实现提升企业绩效与竞争力水平的目标。而且，还可以为类似于基于社交互动的知识转移行为、模糊投入目标和模糊预期产出的企业活动等问题的解决提供一定的理论指导。

二、研究框架

本书的研究框架如图 1-1 所示。

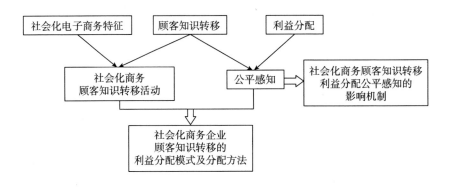

图 1-1 本书研究框架

研究内容一：分析社会化商务顾客知识转移利益分配公平感知的影响因素。以顾客视角为例，采用定性比较研究的方法分析要素集对顾客利益分配公平感知的综合影响作用。

研究内容二：研究社会化商务顾客知识转移利益分配模式的构建和不同模式下的利益分配方法。包括量化社会化商务顾客知识转移利益相关者的投入和产出，以社会化商务企业发展阶段和所转移知识显性化的难易程度为划分维度构建四种利益分配模式，分别是分散型、集中型、选择型和合作型分配模式，并对每种模式提出了利益分配方法。研究采用博弈论的方法进行，并利用算例分析检验算法的有效性。

第二章 理论与学术背景

第一节 社会化商务

随着社会化网络的发展，学术界也引起了社会化商务的研究热潮。2006~2009 年，国内社会化商务领域的研究文献相对较少，处于初级阶段；2010~2013 年，国内电子商务以及社会化媒体都处于发展期，文献相比前一时期大幅增加，处于积极探索阶段；2014 年至今，随着社会化商务行业逐渐发展成熟，文献数量趋于稳定，目前对社会化商务的研究已经进入了一个快速发展阶段。根据文献梳理发现，目前学者对社会化商务的研究主要集中于用户行为和技术管理层面。

有关 SC 的研究现状，学者有不同的看法。Wang 等（2012）将 SC 研究主题归纳为用户、管理、技术和信息四个维度。刘宏和张小静（2017）通过文献的梳理，将 SC 研究主题分为用户行为研究、管理层次研究、技术支持研究、信息服务研究四种类型。陶晓波等（2015）将 SC 研究主题架构分为三个层次：①独立层面，关注用户、管理、技术与信息四者独立效应的发挥；②交互层面，关注用户、管理、技术与信息四者间交互效应的发挥；③匹配层面，关注每类主题内企业战略与基础条件的匹配。吴国栋等（2019）在可视化分析文献的基础上，将 SC 的研究热点分为：SC 的商务模式研究、消费者行为研究及信息传播研究。宗乾进等（2013）通过对文献的广泛调研，认为当前研究集中在社会化电子商务的定义、演化历程、商业模式、平台设计、网站用户接受、用户购买意愿及行为研究六个方面。张婉等（2015）通过查阅大量的文献将 SC 研究归结为五个主题，即消费者行为研究、社交网络研究、商业模式研究、消费者心理研究、网站设计研究。基于以上的研究发现，目前 SC 研究主要集中在用户、管理、技术和信息四个角度，具体如下：

用户角度，学者对用户的研究主要体现在个人体验和社交互动两方面，个体体验包括顾客体验、用户黏性、信任和忠诚、购买意愿等，社交互动包括在线沟通、用户参与、口碑传播、用户生成内容、价值共创等。Olbrich 等（2011）研究了 SC 模式的信任、口碑和社交属性等因素对消费者购买意愿的影响作用；Zhang 等（2014）研究了在 SC 模式中消费者的持续参与意愿等问题；刘容等（2021）基于人际吸引理论，探究了社会化商务情境下商家自我呈现对顾客信任的影响；马艳艳等（2021）从技术解释视角探究可供性对社会化商务用户购买意愿的内在作用机理，深入挖掘社会化商务技术功能的商业价值。耿荣娜等（2017）研究了影响 SC 顾客信息采纳行为的影响因素；郭媛媛等（2021）研究了同伴特征对用户社会化分享意愿的作用机理；胡倩等（2017）以 S-O-R 理论和社会交换理论为基础，建立了一个社会化商务环境下水果消费者购买决策模型，并分析了社会化商务特性对社会支持和购买意愿的影响；甘春梅等（2018）为了深入研究社会化商务用户行为的内在机理，以 S-O-R 模型为基础，构建了相关理论模型，以探讨人际互动、社会支持对信任及其社会化商务意愿的影响；高琳等（2018）基于 S-O-R 模型和精细加工可能性模型，考察了社会化商务中网络口碑的论据质量和信息源可靠性对消费者购买意向的影响，尤其是论据强度和信息源活跃度的作用，并挖掘了认知反应，特别是情感反映在该过程中扮演的重要角色，以及“兴趣型—好奇心”和“绩效型—好奇心”分别对情感反应和认知反应与消费者购买意关系的调节作用。

管理角度，主要包括商业模式、营销策略、价格策略、盈利模式等。殷实等（2015）基于主体的计算实验等复杂性科学研究方法支持下，充分结合广义评论行为等互联网社会化活动特点和社会化商务渠道特性来探索有利于提高参与者价值的商务模式；Kim 等（2013）主要讨论了 SC 的发展是否具有可持续性，哪类行业更加适合发展 SC 等问题；吴菊华等（2014）总结了 SC 模式的创新体现在可持续的盈利模式、社会化的营销模式以及用户生成内容的挖掘及利用等方面；魏尉等（2020）构建双层 Stackelberg 博弈模型，研究了企业分享奖励机制中的价格策略以及奖励策略，讨论了消费者社交关系强度、分享者面子敏感程度、潜在消费者对分享动机怀疑程度等因素的影响；魏尉等（2017）基于双边市场理论，研究了 SC 系统中商家、平台独立激励消费者以及商家和平台同时激励消费者三种情况下，社会化商务平台的定价策略。

技术角度，主要涉及网站设计、服务设计、推荐服务和服务质量等。杨秋和蒋晓（2016）分析了 O2M 模式下的社会化电子商务平台的特征，并提出其服务设计的三个关键要素；张洪等（2017）构建了社会化购物社区技术特征与消费者购买意向的关系模型，为社会化购物社区提供商通过设计与监控社区的技术特征提高社区的购买转化率提供了有价值的理论依据和建议；马艳艳等（2021）从技术解释视角探究可供性对社会化商务用户购买意愿的内在作用机理，有助于深入挖掘社会化商务技术功能的商业价值；吴菊华等（2016）提出涵盖个人、会话、社区、商务和管理层的新社会化电子商务设计模型。

信息角度，涉及商务信息服务、口碑扩散、用户生成、顾客价值等。王红（2017）提出通过信息增值引导产生产品创新、市场营销创新和服务创新以增强 SC 企业竞争力的信息服务模型；单春玲和赵含宇（2017）基于强弱关系理论研究了 SC 中的意见领袖的观点、用户互动等信息转发行为；刘百灵等（2021）探究了人格特征对探讨影响用户信息披露的影响。

第二节　顾客知识转移

一、知识转移及研究现状

在以知识为重要生产要素的时代，知识已经成为企业和组织获取竞争优势的关键性资源。任何一个企业或组织要在激烈的全球化浪潮和市场竞争中建立和保持自己的竞争优势，就必须根据环境的变化及时地创造和更新知识。知识转移使知识的作用得到了极大的发挥，自 Teece 于 1977 年首次提出知识转移的概念后，知识转移的相关内容引起了国内外学者的广泛研究，并逐渐成为知识管理领域备受关注的热点。但是，由于各学者研究知识转移主体层次存在差异，因此，目前学术界尚未得到一个统一的关于知识转移的定义。

从不同的角度来看，知识转移有不同的内涵（见表 2-1）。基于个体层面，Sarker 等（2005）认为，知识转移是个体在一种情况下获得知识，并到另一种情况下应用（或未能应用），或者说知识转移是个体与个体之间的知识传递和吸收的过程；基于组织层面，Argote 和 Ingram（2000）认为，知识转移是一个单位（如集团、部门）受另一个单位的经验影响的过程；基于产业层面，黄莉和徐升华（2015）将生态产业集群知识转移定义为集群内节点间通过各种途径和方式进行知识移动和应用活动，目的是实现集群内资源利用率最大化、废弃物排放量最小化，以及维持产业集群生态化共生关系的特定情境；基于区域层面，张振刚等（2011）指出区域创新系统内的知识转移是指在市场条件下，创新主体通过交互式作用，产生知识需求，进行知识匹配、吸收、储存、整合、创造及应用的循环过程，而且这一过程深受区域文化环境和政策环境的影响。

表 2-1　知识转移内涵

研究层面	学者	内涵
个体	Sarker（2005）	知识转移是个体在一种情况下获得知识，并到另一种情况下应用（或未能应用）。或者说，知识转移是个体与个体之间的知识传递和吸收的过程
组织	Argote（2000）	知识转移是一个单位（如集团、部门）受另一个单位的经验影响的过程
产业	黄莉（2015）	生态产业集群知识转移是集群内节点间通过各种途径和方式进行知识移动和应用活动，目的是实现集群内资源利用率最大化、废弃物排放量最小化，以及维持产业集群生态化共生关系的特定情境
区域	张振刚（2011）	区域创新系统内的知识转移是指在市场条件下，创新主体通过交互式作用，产生知识需求，进行知识匹配、吸收、储存、整合、创造及应用的循环过程，而且这一过程深受区域文化环境和政策环境的影响

通过上述分析可以发现，无论是哪个层面的知识转移定义，都具有以下特征：知识转移包含两个及两个以上的主体；知识转移主体间需要进行互动；知识转移主体具有一定目的；知识转移需要借助一定的载体。

二、顾客知识转移及研究现状

顾客是企业获取知识的重要外部来源之一（李清政和徐朝霞，2014）。Li 和 Calantone（1998）最早提出了"顾客知识"的概念，认为顾客所蕴含的知识是企业宝贵的资源和财富。之后，国内学者李清政和徐朝霞（2014）将顾客知识分为"关于顾客的知识"和"顾客拥有的知识"，这些知识都有助于企业把握顾客不断变化的需求，提高知识的转化和应用效率；另外，由于顾客主动介入企业的服务生产过程中，增加了顾客与企业之间相互沟通的机会，使顾客与企业之间更容易形成信任的合作关系，从而促进顾客分享知识，并共同创造更多新的知识。Gebert 等（2003）认为，顾客知识是系统化的顾客信息，主要包括顾客需求、特征等基本信息、顾客关系的历史和未来潜力等知识，以及服务消费经验和对服务或服务企业的建议等综合信息。顾客知识主要基于过去的关系经历，并在服务企业和客户的互动中加以联合创造和不断更新。也有学者认为，顾客知识指存在于个体层面或集体层面的顾客所拥有的隐性知识，是顾客形成的关于服务、企业以及市场等方面的经验、判断以及价值观的动态组（张若勇等，2007）。Grant（1996）指出顾客知识存在非成文性和专属性两大特征，顾客知识无法公式化，难以用文字、图像等方式表述其含义，必须通过大量信息才能解释，同时这些知识高度关联，不容易被重复使用。

参考已有研究，本书将顾客知识归纳为服务相关知识、消费使用知识和顾客自我知识三类。其中，服务相关知识主要包括顾客对服务的认识和理解、对服务的各种需求、对服务创新性的要求等知识和信息；消费使用知识主要包括顾客在服务消费使用过程中所获得的各类经验，以及对服务的评价和对服务的意见建议等反馈性信息；顾客自我知识主要包括顾客基本信息（顾客需求、顾客特征和顾客关系等方面的信息），以及顾客拥有的关于企业、市场、服务产品及其他竞争者等方面的知识和信息（范钧等，2013）。

当前，企业正面临全新的颠覆式挑战，仅依赖企业现有知识的独立内化已不能满足企业变革、产品升级的需要，企业必须寻求外部知识资源。顾客作为重要的外部知识资源，已悄然成为产品意见领袖，并且能够通过知识转移改善企业的创新水平，进而带来显著的竞争优势（Eslami 和 Lakemond，2016；解学梅和余佳惠，2021）。可见，顾客知识转移作为企业知识管理的重要环节，在当前信息对称化、用户中心化的市场竞争格局下，显得尤为重要（魏如清和唐方成，2016）。现有关于顾客知识转移的研究，一般集中在顾客知识转移的影响因素、顾客知识转移对创新绩效的影响、顾客知识转移效果等方面。

基于已有研究，顾客知识转移的影响因素并未得到统一。如董媛媛和王宏起（2014）指出，知识特性是影响知识转移的关键因素；Szulanski 等（2015）认为，知识转移的主要影响因素是知识本身、知识发送者、知识接收者、知识情境；Ko 等（2005）认为，知识因素、沟通因素、激励因素是动态地影响知识转移过程的；Su（2009）认为，先前经验、学习意图等是影响知识转移的关键因素。

从顾客知识转移对创新绩效的影响来看，学者们从不同的视角展开研究。从产品创新视角来看，如 Chang 等（2006）学者研究发现顾客参与有利于产品创新绩效的改进，知识转移在顾客参与和企业创新绩效之间可能会起到中介作用，并且顾客参与知识分享活动会在很大限度上提高产品开发的成功率。从服务创新视角来看，如 De Brentani（1989）指出通过应用顾客知识，能够增强企业的服务创新能力，降低创新成本，缩短创新的周期；张若勇等（2007）构建了顾客参与、知识转移对企业服务创新绩效影响的研究模型，又通过实证证实了模型的成立；卢俊义和王永贵（2011）基于社会资本视角的理论综述和模型构建，研究了顾客参与服务创新与顾客知识转移的关系，其结果发现，顾客社会资本在顾客参与和知识转移之间可能扮演中介作用：一方面，顾客在参与网络中与其他参与方互动，有利于促进顾客认知，提高顾客的网络地位，改善顾客关系，即对顾客社会资本产生了积极影响；另一方面，顾客认知、顾客关系和顾客网络地位，有助于网络成员获得收益，尤其是知识转移。Lievens 等（1999）认为，有效地实现顾客知识在企业内部的转移有利于减少新服务开发中与用户需求、竞争者、技术等方面有关的不确定性，通过有效的顾客知识转移，能够帮助企业获取所需的知识，从而为服务创新提供来源；Muller 认为，在知识密集型服务企业与制造企业的互动过程中，随着顾客知识的传递和转移，企业的知识基础都在不断扩大，从而更加有利于创新的实现。Slater 等（1995）表示，通过获取顾客知识，可以帮助企业开发出"适销对路"的新服务或新产品，提高顾客感知的服务质量，整理和传播顾客知识，增强企业的服务创新能力，降低创新成本，缩短创新周期。

从顾客知识转移效果来看，顾客知识转移能够解决企业管理中的诸多问题。例如，Slater 等（1995）指出，通过获取顾客知识，可以帮助企业开发出"适销对路"的新服务或产品，提高顾客感知的服务质量；Lievens 等（1999）认为，有效地实现顾客知识在企业内部的转移有利于减少新服务开发中与用户需求、竞争者、技术等方面有关的不确定性。服务企业通过有效的知识转移过程，能够帮助企业获取相应的知识。Luthans 等（2003）指出，顾客的知识、转移能力以及转移意愿构成了顾客人力资本。人力资本回答了"你知道什么"（包括技能、经验、知识、思想和教育等）的问题。

综上所述，有关顾客知识转移的研究主要涉及影响因素、创新绩效和效果三个方面，而对于顾客知识转移的利益如何分配还尚待深入研究。关于社会化商务背景下的顾客知识转移的研究目前还较少，相比于传统的知识转移，社会化商务环境下的顾客知识转移行为更具优势，顾客可以通过社会化商务所提供的平台进行顾客知识交流和分享活动，以推动信息流动，进而完成顾客知识转移活动。基于此，本书认为，顾客知识转移可以理解为：顾客将自己的知识通过一定的社交媒介传达给其他用户，从而使其他用户可以通过搜索学习并运用的过程。

第三节　价值共创

传统的价值创造理论认为，价值是由企业通过制造商品或提供服务单方面创造的，顾客仅是价值的接受者和使用者（Zwass，2010）。但是，如今随着信息科技的发展，消费者获取资源的门槛逐渐降低，同时生产者和消费者之间的信息不对称壁垒也被打破，这便使顾客有能力参与到价值生产的过程中，由此，价值共创的理论应运而生（杨学成和陶晓波，2015）。

2004 年，基于服务主导逻辑视角，价值共创的概念被首次提出（Prahalad 和 Ramaswamy，2000）。随着时代的发展，对于价值共创的概念也日渐丰富。由文献梳理可知，关于价值共创的研究有基于系统福利视角的（Vargo 等，2008）、有以构建体验及体验环境为目标的（Gebauer 等，2010），还有强调整合资源与参与者互动的（Aarikka-Stenroos 和 Jaakkola，2012）。由于各学者切入视角不同，所以价值共创的定义形式各异，但基本上他们都把互动作为其价值共创概念的核心内容。

本书以社会化商务顾客知识转移为研究背景，在这一背景下，社会化商务平台、商家和顾客之间相互合作，共同促进顾客知识转移活动顺利完成。可见，整个活动也是一个多主体参与互动的价值共创过程。在社会化商务中，平台主要为顾客和商家提供了一个开放式的互动平台，顾客可以通过社会化商务平台进行互动分享等社会行为，通过这些行为，社会化商务平台可以同商家和顾客之间建立起强有力的关系网，并最终实现价值创造。

第四节　利益分配

利益既包括有形的经济收益，也包括无形的知识资产和人才培养等。而关于利益分配的定义，刘丹等（2015）指出，利益分配通常发生在多人（组织内或非同一组织的成员）或多个组织合作的情况下，虽然是对生产性事务的定价，但背后隐藏的却是资本、劳动、知识和混合不同权力的配置和利益分配逻辑。

一、利益分配相关的研究领域

回顾利益分配的相关文献可以发现，国内外学者从不同的角度，就合作产生的利益如何进行合理的分配进行了大量的研究，主要聚焦在知识联盟、产学研合作以及动态联盟三个领域。

1. 知识联盟利益分配

知识联盟是战略联盟发展链的高级阶段，它为企业提供了一个良好的知识获取、知识整合和知识创新的平台（李纲，2010）。相关研究表明，知识联盟的稳定受到众多因素的影响，其中，利益分配是否合理最为关键（蔺丰奇和刘益，2007）。关于知识联盟利益分配的研究，部分学者基于 Shapley 值法，根据合作成员贡献来解决利益分配问题，如卢艳秋等（2010）利用改进后的 Shapley 值应用算例对创新合作总利润的分配值进行计算，以求利益分配更为合理；齐源等（2011）以 Gahp 方法的改进系数为基础，试图改进 Shapley 原模型，并通过修正的 Shapley 值对合作主体进行利益分配，使其更具公平性和合理性。另外，为了寻求均衡状态，部分学者基于纳什均衡求解法对利益分配进行了探索，如陈伟等（2012）在纳什谈判效用函数的基础上构建了利益分配模型，通过层次分析法对各影响因素的权重进行了评价分析，并基于模糊函数评价分配因子及纳什均衡函数，借助极值条件法对纳什合作博弈进行求解；Nishizaki（2000）基于合作对策的利益分配如何实现纳什均衡进行了探讨，并构建了其供应链体系，对成员投入与利益分配关系进行了研究。

2. 产学研合作利益分配

产学研联盟是科技与经济有效结合的产物，主要是由企业、大学和科研机构等异质性主体联结而形成的知识共同体（Plewa 等，2013），是推动技术创新与经济发展相结合，加速科技成果向现实生产力转化的有效途径（任培民和赵树然，2008；董彪和王玉冬，2006）。目前，关于产学研利益分配的研究，部分学者基于 Shapley 值法，根据合作成员贡献来解决利益分配问题，如任培民和赵树（2008）建议运用合作博弈论中的 Shapley 值的方法研究利益分配，通过期权—

博弈整体化的方法建立产学研结合的最优利益分配机制，使用复合实物期权的方法进行设计和评价。另外，为了寻求均衡状态，部分学者基于纳什均衡求解法对利益分配进行了探索，如董彪和王玉冬（2006）基于纳什协商模型研究了产学研合作利益的分配方法，他提出产学合作的利益分配应遵循共赢原则、风险补偿原则、科学性原则和满意度原则，产学研合作利益分配的指标体系包含投入资本、核心能力和风险性。

3. 动态联盟利益分配

动态联盟是指以信息、通信技术为主要技术手段，为迅速实现联盟成员资源的有效集成而进行的企业核心能力的一种外部整合，其目的是迎合快速变化的市场机遇（Nagel，1992）。关于动态联盟利益分配问题，国内外学者做出了诸多探讨。部分学者基于 Shapley 值法，根据合作成员贡献来解决利益分配问题，如贾平等（2003）利用特征函数对企业动态联盟的博弈过程进行分析，通过举例，说明利用 Shapley 值计算动态联盟企业利益分配问题的合理性；另外，为了寻求均衡状态，部分学者基于纳什均衡求解法对利益分配进行了探索，如田肇云和葛新权（2007）利用博弈论中逆向归纳法的思想，分三个阶段定量分析比较联盟成员的知识共享率问题。研究表明，在纳什均衡条件下，动态联盟合作情形下的知识共享率大于非合作情形下的知识共享率，这为动态联盟的知识共享与合作提供了一条有价值的运作策略。

综上所述，多方合作联盟主要是通过 Shapley 值法和纳什求解法进行利益分配活动，如 Shapley 值法是根据参与者贡献对利益进行划分、纳什求解法主要是追求达到一个均衡的状态。而在这一过程中，为使利益分配更加公平合理，还需要更加充分地考虑不同因素对利益分配的影响作用。

二、利益分配公平感知

一直以来，公平都是一种道德和价值标准，它不仅是许多人的社会理想，也是许多学科共同感兴趣的问题，如经济学、管理学、哲学、法学等都对公平问题进行过研究。关于什么是公平，早在春秋时期，孔子就思考过，并提出"有国有家者，不患寡而患不均，不患贫而患不安"，由此可见，儒家传统把公平放在一个十分重要的层面。另外，古希腊哲学家亚里士多德也曾表示，公平不是分配的绝对平均，而是"Equal treatment of equals, unequal treatment to unequals"，即相同的贡献（或投入）应得到相同的回报（产出），不同的贡献应得到不同的回报（Binmore，1994）。

1. 利益分配公平感知

由于利益分配公平在各个领域都有十分丰富的研究，因此，其并未形成一个统一的概念界定。其中，在经济学中，有学者在研究利益分配公平问题时，提出了嫉妒这一概念，它是指考虑任何一种分配形式，把 n 件产品分配给 m 个人中的每一个人，假定这些人都有特定的偏好，这时，所谓甲嫉妒乙，用文字表述就是甲对乙的分配状况的喜爱甚于对他自己的分配状况的喜爱（Kolm，1998）。基于此，有学者表示，在经济学中，判断联盟中的分配结果是否公平时，可以以嫉妒理论为基础进行分析，如 Kolm（1998）、Baumol（1987）、Gärdenfors（1978）、Hal（1974）等表示，在联盟分配过程中，如果没有人想要将分配给自己的商品束与他人的商品束交换，那么这一商品的配置将被视为无嫉妒且公平的；Roemer（1998）在分配正义论中也提出了无嫉妒分配，当且仅当没有人嫉妒其他人时，分配结果是公平的；Moulin（2014）在合作的微观经济学中表示，无嫉妒是指每一个参与人都应该将自己所得的份额看作至少与他人所得份额的价值一样，且公平分配应该是每一个参与人至少获得总体资源的 1/n，其中 n 为参与者的人数。

而在管理学的组织行为研究领域中，公平理论主要起源于美国著名的心理学家、行为科学家 Adams（1965）的公平研究，他认为，人们不仅关心自己的绝对报酬量，也关心自己与他人的相对报酬量。随着对公平相关研究的不断深入，分配公平的概念也开始不断拓展，逐渐被用于分析联盟企业之间，并认为，公平是组织对联盟进行评价的重要标准，即组织通过基于公平的标准和其他标准对联盟的评价结果，可能会直接影响组织在联盟后续阶段的行为。例如，Kumar 和 Steenkamp（1995）学者在研究渠道联盟时表示，分配公平可以被视为渠道合作伙伴相对于其贡献或投入，对其所得回报（或损失）的评估，也就是说将实际结果与他认为自己应得的结果进行比较，当贡献或投入与回报（或损失）相匹配时，则渠道合作伙伴会感知到利益分配结果是公平的；Luo（2009）基于 Adams 的公平理论，探讨了国际合资企业中的分配公平问题，并提出，分配公平为合作各方根据各自的贡献、承诺、各自承担的责任、风险和负担，来评估自己获得合作回报的公平程度，其中回报既可以是货币型的，如利润和红利，也可以是非货币性的，如获得的知识和提高声誉；Liu 等（2012）研究了四种公平，即分配公平、程序公平、人际公平和信息公平，并认为分配公平是主观感知的，人们关心的结果是否公平，即当一个人根据他或她自己的情况，认为结果与投入的比率等于他人的结果与投入的比率的时候，分配公平得以存在。

上述研究为本书理解公平在合作中的作用提供了深刻见解。由于社会化商务中的顾客知识转移可以看作是一次合作，稳定的合作需要每个参与者都认为自己得到了公平的对待，而合作成员对利益分配公平感知的判断，主要源于其对自身在合作中所获得的利益结果。基于上述的利益分配公平感知的相关研究，本书将社会化商务情境下的利益分配公平感知定义为，顾客将自己在合作中所得的实际结果与他认为自己应得的结果进行比较，当实际所得结果与自己的期望相符合时，利益分配公平感知得以存在。

2. 利益分配公平感知的影响因素

关于利益分配公平的研究，经过文献梳理发现，理论界和实务界对于利益分配公平感知的研究主要集中于效果分析（史会斌等，2008；Colquitt 等，2013；Cremer 等，2010；Ferris 等，2012；王燕等，2007），例如，Colquitt 等（2013）探索了公平感知与任务绩效之间的关系；史会斌等（2008）基于公平理论，对联盟管理进行了研究评述，并提出联盟中的研究大都集中于对公平感知效果的探讨，而对于如何才能达到公平，或者联盟中公平的形成机制探讨则相对较少。但是，随着研究的不断推进，如今，学者们对利益分配公平感知的影响因素研究，即哪些因素会使利益分配更加公平合理产生了兴趣，例如，赵海霞（2011）在团队薪酬分配规则与分配公平感的研究中提出，在不同的情境下，不同的分配规则所导致的分配公平判断可能会有所差别，在任务互依性较强且成员的贡献相对容易识别时，采用公平分配规则情境下的团队分配公平感会显著高于平均分配规则情境下。刘婷和王震（2016）从制造商与分销商之间的联盟视角探究了信任对分配公平感知的影响，指出制造商对分销商的信任导致其会采取多种措施与行为对联盟合作关系进行维护，使分销商提升满意度并相信自己能从渠道关系中获取应得的回报，由此，分销商的利益分配公平感知得以提升。胡丽等（2011）指出，影响 PPP 项目的利益分配因素主要分为固定性因素和灵活性因素，其中固定性因素包括投入比重和风险分担系数，灵活性因素包括合同执行度和贡献度。

三、利益分配模式

利益分配模式是知识转移顺利完成的关键，合理的利益分配模式有利于实现价值在不同主体间的合理流动与分享，有利于调动各利益相关者的积极性，有利于保持合作的稳定与和谐（张建军和赵启兰，2018）。由于多主体联盟在合作的过程中，会受到各种不确定因素的影响，因此，不同联盟下的利益分配模式各有差异。通过对相关文献的梳理，可知相关分配模式（包括利益分配、资源分类、收入分配等）主要从参与人特征、参与过程、影响因素以及产出结果四个方面来界定。

1. 参与人特征

参与人是一个合作中的决策主体，其目的是通过选择行动或策略，以最大化自己的支付水平，既可能是自然人，也可能是团体。而现有研究主要是从参与人（企业）类型、参与人所在行业状况以及参与人的主导性这三个方面出发划分的分配模式。基于企业类型方面，Zhao 等（2018）以此为分类依据，将资源分配分为适合新创业企业和小微企业的资源随机分配模式、适合占有一定市场份额企业的关系导向的资源配置模式、适合高新技术企业的合作导向的资源配置模式和适合需要扩大市场的联盟企业的嵌入式知识资源配置模式。基于参与人所在行业状况方面，胡继连和葛颜祥（2004）以水资源条件、地区和行业为分类依据，将水资源分配分为人口分配模式、面积分配模式、产值分配模式、混合分配模式、现状分配模式和市场分配模式。程惠芳等（2014）以行业及生产工序技术密集度为分类依据，将产品内分工分为低端型产品内分工模式和高端型产品内分工模式。基于参与主体主导性的分类，王颖和张艺缤（2020）以主导者导向为分类依据，将义务分配分为丈夫主导、妻子主导和夫妻平权三种夫妻权利分配模式。

2. 参与过程

参与过程是各方在合作联盟中进行的各种生产、沟通、管理等工作的全部组合。通过相关文献的梳理，参与过程通常从过程的阶段性和决策类型这两个方面展开研究。一方面，基于阶段性的分类，Zhang 等（2016）以时间为分类依据，将资源分配分为在一段时间内使总损失最小化的第一阶段模式和以尽快恢复系统功能为目的的第二阶段模式。田刚等（2014）以合作阶段为分类依据，将利益分配分为基于事前合同的初始分配和基于实际调整的事后分配。另一方面，基于决策类型的分类，张建军和赵启兰（2019）提出两方和三方合作决策模式，并分别设计了适合两种模式的利益分配机制：基于最小核心法的利益分配机制和根据 Nash 谈判模型的利益分配机制。时茜茜等（2017）从分散决策、集中决策两种模式分别建立相应的协同合作动态博弈模型，并给出不同模式下的最优利益分配机制。

3. 影响因素

将对最终产出产生影响的要素作为利益分配依据，达到相对公平的效果。现有研究涉及的影响因素主要包括权力关系、资源因素以及市场性质等方面。基于权力关系因素的分类，李灵稚和林宁（2009）以权力关系为分类依据，将旅游利益分配分为市场型运行模式、层级型运行模式、半层级型运行模式和网络型运行模式。聂家荣等（2015）以法定权利和认知权利两种影响相关者行动的权利形态为分类依据，将权益分配分为自上而下模式和自下而上模式。基于资源因素的分类，Yang 等（2011）以资源条件为分类依据，将资源分配只能在新服务开始时更改的模式归类为有限资源分配模式，否则为完全灵活的分配模式。许茂增等（2020）以资源共享程度为分类依据将快递分配分为一级至四级共同配送模式。基于市场性质因素的分类，周明海和姚先国（2012）以劳动力市场为分类依据，将收入分配分为以自由竞争为特征的"盎格鲁—撒克逊模式"、强调国家干预的

"莱茵模式"和体现转型经济特征"中国模式"。基于影响因素复杂性的分类，郑浩昊和李思（2016）等以影响因素的数量为分类依据，将利益分配分为考虑单个要素的传统利益分配模式和综合因素考虑的利益分配模式。

4. 产出结果

产出结果是各方在合作联盟中进行的各种生产、沟通、管理等工作所得到的全部结果。学者根据是否考虑产出结果的变动作为依据，未考虑变动时往往选择采用固定支付模式进行利益分配，而考虑变动的情况下采用产出分享模式或混合模式。例如，Peng 和 Lv（2014）指出，产出分享模式是在一定分配系数下，合伙人从合作的总产出中获得的收入；固定支付模式是按照预先确定的固定支付方式，向其他合作伙伴提供支付；而混合模式是指联盟成员不仅可以获得固定的缴费，还可以从总产出中按一定比例分配。詹美求和潘杰义（2008）在产学研合作探索中提出，该形式下的产出分享模式是指校企各方以技术、资金等投入要素为股本，在以后企业营运中按股分红；固定支付模式是指企业一次性支付技术开发或转让费用；混合模式是指企业提前给大学方预支固定的报酬，同时也从总收益中按一定比例向其支付报酬。高洁（2013）以产出分享模式、固定支付模式和混合模式为分类进行了分配模型的分析，寻求最优的产学研利益分配模式。Wei（2019）提出三种供应链的利益分配模式：一是通过确定参与合作企业的利益分配比率系数来获得各自利益的合同模式；二是参与合作的企业根据预先协商的报酬获得各自的利益；三是前两种机制的混合。徐广等（2009）以利益形式为分类依据，将供应链利益分配分为中间产品定价模式、产出分享模式、固定支付模式和混合模式。

学者们往往根据自身的研究主题选择适合的利益分配模式。本书在此基础上考虑到顾客知识转移合作联盟中参与者特征（企业发展阶段）、参与过程（决策类型）以及影响因素（知识显性化难易程度）在不同的合作联盟中存在很大的差异。因此，根据 SC 企业的不同发展阶段和顾客知识转移的知识显性化难易程度，将顾客知识转移分为四种情景，根据各情景下的特点提出合适的利益分配模式。

四、利益分配方法

合理的利益分配模式离不开方法的支撑，模式是方法的指导，方法是模式的实践。每种利益分配模式都应该搭配适合的利益分配方法，在此基础上制订出合理的利益分配方案，这对联盟的成功运作无疑是重要的（温修春等，2014；王道平等，2012）。如果联盟成员一方的利益受损，将影响到整个联盟的稳定性，所以要求利益分配方法要科学、公平且合理，使各参与主体的预期利益和实际利益达到最大化（李建玲等，2013）。现有研究主要运用的利益分配方法包括 Shapley 值法、斯塔克尔伯格博弈法、纳什谈判法等。

1. Shapley 值法

Shapley 值法是合作博弈的合作方法中主要的运用方法，是由 Shapley 在 1953 年从有效性公理、对称性公理和可加性公理出发，提出了合作对策的解的概念，并证明了它存在的唯一性，这种解后来被人们称为 Shapley 值。它为如何决策一个 n 人讨价还价博弈中每个参与者的分配比例提供了一种很好的方法（Doerner 等，2008；Gabriel 等，2010）。该方法的主要思想是以评估每个参与人对联盟价值的贡献程度进行分配，即参与人所应承担的成本或者所应获得的收益等于该参与人对每一个他所参与联盟的边际贡献平均值，体现了分配的公平性。通过阅读相关文献可以发现，目前学者经常采用该方法研究多方合作的利益分配问题，同时也在运用的过程中对该方法进行了修正。

学者运用 Shapley 值法的研究对象主要包括三个：供应链联盟、产学研合作和动态联盟。有关供应链联盟方面，Lamadrid 等（2017）通过降低博弈中形成所有可能供应链联盟的复杂性，以此提高求解效率，提出了与 Shapley 值法相对应的计算机求解算法。Kamiyama 等（2013）通过对合作博弈方法的列举和排除，最终选择了 Shapley 值法对供应商之间的利润进行合理分配，并建立了相关的合作模型。有关产学研合作方面，罗利和鲁若愚（2001）运用 Shapley 值法，根据产学研合作各方的不同贡献确定分配的权重，互相分担任务和成本，解决了利益分配过程中的参数定义问题，以构建模型来实现产学研联盟公平合理的利益分配。有关动态联盟方面，Huettner（2015）研究了可转移效用下的合作对策收益分配问题，基于考虑动态联盟企业贡献的 Shapley 值法给出了两个企业间的收益分配方案。Khmelnitskaya 等（2016）基于边际贡献的平均值，研究了 Shapley 值的性质和属性，并采用该方法对动态联盟的合作收益进行分配，给出了其解的公理化。

随着对多方合作利益分配研究的深入，学者发现 Shapley 值法仅参考边际贡献来分配收益存在一定的片面性，于是基于此方法，加入了除边际贡献以外的因素进行了修正。有关供应链联盟方面，吕萍等（2012）在传统 Shapley 值法分配的基础上，对总承包商和分包商的收益进行调整，最终以风险补偿和创新收益为基础对 Shapley 值法进行修正。孙耀吾等（2014）同样引入了吕萍等提到的风险和创新因素，同时还引入了企业资源、品牌增值、市场地位和商誉价值等因素，构建出修正后的 Shapley 值二阶段模型，分析高技术服务创新网络的利益分配机理。有关产学研合作方面，李霞等（2008）在 Shapley 值法的基础上，也综合考察了各方成员的风险承担对利益分配的影响，同时还引入投入资源作为考察因素，首次采取"投石效应"对 Shapley 值进行修正，得出修正后的利益分配方法，克服了 Shapley 值法未考虑的风险和投资的不足。有关动态联盟方面，戴建华和薛恒新（2004）分析了用 Shapley 值法分配联盟伙伴利益的过程、利弊，指出解决多人合作对策问题的 Shapley 值法存在一些问题，提出了基于风险因子的修正方案，并在修正后得出满意的方案。宋光兴等（2004）研究了虚拟企业中的几种主要合作风险及其成因，给出了若干风险控制策略，并分析了虚拟企业中利益分配与风险分配之间的关系，同样基于风险因素对 Shapley 值法进行修正；王选飞等（2017）为解决移动支付商业模式的利益冲突问题，在基于 Shapley 值法量化的基础上引入资源投入、风险分担、创新能力三要素进行改进，计算得到各参与主体在合作联盟中的综合量化值，这为解决各参与主体合作冲突、构建协同创新与利益共享的移动支付商业模式提供理论借鉴与参考。综上所述，目前大多学者在对 Shapley 值法做出修正时，都会考虑到风险因素，同时也会考虑创新、投入等其他因素。

还有部分学者在 Shapley 值法的基础上进行了延伸，提出以其他方法辅助 Shapley 值法的利益分配办法。张捍东等（2009）应用网络分析法（ANP）确定对影响联盟利益分配的贡献率、风险以及投资额等因素的权重，进而对基于 Shapley 值法的利益分配策略进行修正。Hamiache（2012）针对具有交流结构的合作对策收益分配问题定义了有效的 Myerson 值等，然后利用基本的矩阵代数对 Shapley 值法进行拓展。付秋芳等（2015）在传统 Shapley 值法的基础上考虑影响供应链收益分配的风险暴露、技术创新和努力程度等修正因子，利用改进的灰色关联度系数确定了修正因子权重，并且通过理想点法（TOPSIS）得到了收益分配系数，进而对收益进行分配。

2. 斯塔克尔伯格博弈法

斯塔克尔伯格于 1934 年提出斯塔克尔伯格模型，在该模型中，两个参与者的"实力"对比并不均衡，因此提出将两个参与者分别定义为"领导者"与"追随者"。在经典的古诺模型中，两个势均力敌的参与者互为追随者。而在斯塔克尔伯格的模型中，实力较强的为领导者，实力较弱的为追随者。某一方处于主导地位的交易过程可以看作是实现斯塔克尔伯格非合作方法。在该方法中，占优的一方作为领导者先做出决策，随后其他追随者根据领导者的决策选择策略，然后领导者根据追随者的策略进行调整，如此往复，直至达成斯塔克尔伯格均衡，该均衡的经济含义为双方达成交易时各自的效用。具体而言，销售方先定价，购买方根据价格和自身的效用函数给出最优反应策略，销售方再根据配额主体的反应策略及自身的效用函数得到最优的策略，此时达到斯塔克尔伯格均衡。

斯塔克尔伯格主要用于研究具有主从关系的交易主体互相影响和相互作用，在具有充分或有限理性的条件下，寻求各交易主体合理的策略选择和博弈的结果（倪冠群等，2011），也用于解决供求关系和竞争关系并存的经济问题分析，如王甜源等（2018）研究了两家零售商面对斯塔克伯格团购博弈时的选择以及相应的库存和定价策略，并解出了两家零售商库存、定价的均衡解。叶飞和林强（2012）、吴江华和翟昕（2012）通过斯塔克尔伯格博弈法研究了供应商与零售商、制造商和销售商的供应链合作等问题。黄晓玲和洪梅香（2020）运用斯塔克尔伯格模型刻画零售商和制造商之间的博弈过程，并引入期望值模型、机会约束模型解决最优决策问题。

3. 纳什谈判法

纳什谈判是各方均分合作剩余时所采用的一种利益分配办法，属于合作博弈的非合作方法。美国经济学家纳什在 1950 年和 1953 年的两篇论文中运用博弈论的思想提出多人协商的谈判模型，并给出了纳什谈判解。

纳什谈判法常被用于解决多方合作下的利益分配问题。贡文伟等（2011）为解决三级逆向供应链合作的利益分配问题，考虑制造商、零售商和第三方物流服务商参与供应链的地位权重，运用 Nash 谈判模型对总体利益进行分配，结果表明，这样的分配方式使供应链各方、消费者等都从合作的不断深入中获益。董彪和王玉冬（2006）指出，产学研合作的利益分配实质是一个谈判协商的过程，他们从合作伙伴满意度的角度出发，分析了影响产学研合作利益分配的因素，最后基于纳什谈判模型，设计了产学研合作利益分配方法。孙东川和叶飞（2001）认为，动态联盟利益分配的实质同样是一个谈判协商问题，提出了基于纳什谈判模型的利益分配方法，并结合实例分析，证明分配结果的有效性。

4. 其他方法

除上述方法外，学者们还采用委托代理理论、纳什均衡解以及正交投影法等研究多方合作的利益分配问题。学者们采用委托代理理论对利益冲突及信息不对称环境下的利益分配机制进行研究，如 Zhao 等（2014）对科研合作中的团队成员进行了界定，从委托代理理论的角度考虑了他们之间的合作关系，基于科研努力和贡献因素，提出了团队成员网络化科研合作的利益分配机制。张根明和杨思涵（2017）在传统产学研合作委托代理模型中引入技术价值变量，并尝试运用再谈判机制和控制权配置理论，揭示技术价值不确定性情况下的最优利益分配机制。学者们采用纳什均衡求解联盟参与者期望收益的最大值，张相斌和吴敏（2013）通过调整资源供应方的资源贡献比例改变供需双方的贡献水平，从而使群体的总利润最大化。他们首先建立了联盟成员的微分博弈方程，确定了联盟总收益的性能指标函数，最后采用 Pontryagin 极大值原理求解出该模型的 Nash 均衡解，并通过实例验证了该方法的可行性。戚湧和魏继鑫（2015）通过构建科技资源共享博弈模型，分析探讨企业、高校及科研院所进行科技资源共享的均衡条件，求得子博弈精练纳什均衡解。钟昌宝等（2010）提出正交投影法来解决供应链的利益分配问题，该方法设计了一种新的综合风险因子计算法，解决了多种计算结果不一致问题，并且计算结果也真实地体现风险补偿原则。

第五节　博弈论

博弈论（Game Theory），也译作为对策论，是研究决策主体的行为发生直接相互作用时决策以及相关决策均衡问题（董保民等，2008）。目前，许多学者对博弈论有一个共同的定义：个人及一些组织，在一定的约束条件下，行为的主体根据自己手中所掌握的信息，提出各种行为或策略并对其实施，从中取得结果或收益的过程。它主要用于研究当多个决策主体之间存在利益相互制约下，如何根据自身能力及所掌握的信息，做出有利于自己或集体的理性决策及对应的结果。

博弈论主要包括以下几个方面的要素：参与人、行动、信息、策略、支付、均衡。①参与人，是指参加博弈的直接当事人，即以自身效用最大化为准则的理性决策主体。②行动，博弈的某个时段其参与人的决策变量，是所有参与者的策略行为组成部分。③信息，参与人所拥有的有关博弈的知识，尤其是关于除本人之外的参与人的特征和行动。④策略，是参与人的行动规则，在某个时刻的决策变量，即在给定信息的情况下的行动选择。⑤支付，是指参与人得到的确定效用水平或期望效用水平，通常用支付函数或效用函数来表示。⑥均衡，是平衡的意思，在经济学中，均衡及相关量处于稳定值，如纳什均衡就是一种稳定的博弈结果。

在研究博弈问题时，当确定好以上六项的基本概念时，该博弈问题就可得到量化，将实际问题转化为数量关系模型。博弈论的基本思想就是运用以上六个方面，对每个博弈进行分析，以找到每个博弈参与者最优的策略行为。

近年来博弈论的主要研究方向为非合作博弈及合作博弈，合作博弈指在一个博弈过程中，按局中人之间能够达成一个具有完全约束力的承诺、协议或威胁，并且能够强制执行，否则为非合作博弈。合作博弈，也称为联盟博弈，因为协议的存在，博弈参与人的收益都会增加或者至少不会受损，因而整个社会的利益有所增加（Von Neumann 和 Morgenstern，2007）。合作博弈采取的是一种合作的方式，或者说是一种妥协的方式，目的是通过合作的方式使每个博弈参与者及整个系统的收益都得到增加。妥协之所以能够增进妥协双方的利益以及整个社会的利益，是因为合作博弈能够产生一种合作剩余。至于合作剩余在博弈各方之间如何分配，取决于博弈各方的力量对比和技巧运用。因此，妥协必须经过博弈各方的讨价还价，达成共识，进行合作。在这里，合作剩余的分配既是妥协的结果，又是达成妥协的条件。各参与者在决策之间不具有约束关系，侧重于博弈过程的策略选择，这就是非合作博弈（南江霞等，2021）。非合作博弈中不存在具有约束力的行为协议，每个参与人都根据自己的效用预期来决策，因此在博弈过程中并不能保证所有参与人的收益增加。非合作博弈中参与人都是理性的，它强调的是个体选择最佳化。博弈的最终结果既可能无效率，也可能有效率。总之，非合作博弈要解决的是：当博弈的参与人之间在没有达成具有一定约束力的合约的情况下，将如何理性地选择出最佳策略。

非合作博弈和合作博弈的主要区别在于：其一，合作博弈侧重宏观层面的结果，非合作博弈注重微观层面的策略。合作博弈注重做大"蛋糕"，是从宏观的角度研究博弈，而在分配"蛋糕"过程中的讨价还价相当于"抢蛋糕"的非合作博弈，偏向于从微观的角度去解决博弈问题。因此，非合作博弈关心的是局中人在博弈中该如何决策。而合作博弈看重的是可以得到什么样的结果（施锡铨，2012）。相比较而言，非合作博弈是一种微观类型的理论，它涉及准确地描述发生了什么。在合作方法中我们直接观察得益空间，关心的是参与人可行的结果，而不考虑得到这些结果的具体细节，即不关心策略问题。其二，区别合作博弈与非合作博弈的关键是参与人之间能够达成一个具有约束力的合约。既然合作博弈要求做大"蛋糕"，那么自然不希望极大化自身利益的非合作因素破坏合作，为了保证合作的成果，需要达成一个有约束力的合作协议。合作博弈的分析单位是联盟，考虑的是参与人之间如何组建不同的联盟以实现协议的目标，而非合作博弈回答的是当无法达成有约束力的合作协议时，参与人之间如何通过理性行为的相互作用达成合作的目的，即研究的是联盟的具体形成过程。

参考文献

［1］ Aarikka-Stenroos L, Jaakkola E. Value co-creation in knowledge intensive business services: A dyadic perspective on the joint problem solving process ［J］. Industrial Marketing Management, 2012, 41: 15-26.

［2］ Adams J S. Inequity in social exchange ［J］. Advances in Experimental Social Psychology, 1965, 2: 267-299.

［3］ Argote L I P, Ingram P. Knowledge transfer: A basis for competitive advantage in firms ［J］. Organizational Behavior and Human Decision Processes, 2000, 82: 150-169.

［4］ Baumol W, Roemer J E. Superfairness ［M］. Cambridge: Cambridge University Press, 1987.

［5］ Belk R W. Extended self in a digital world ［J］. Journal of Consumer Research, 2013, 40 (3): 477-500.

［6］ Binmore K G. Game theory and the social contract ［M］. Cambridge: MIT Press, 1994.

［7］ Chang T J, Yeh S P, Yeh I J. New product knowledge sharing: Antecedents, the moderating role of OCB, and the consequence of NPD performance ［J］. 管理学报, 2006, 23 (4): 437-455.

［8］ Colquitt J A, Scott B A, Rodell J B, et al. Justice at the millennium, a decade

Later: A meta-analytic test of social exchange and affect-based perspectives [J]. Journal of Applied Psychology, 2013, 98: 199-236.

[9] Cremer D D, Brockner J, Fishman A, et al. When do procedural fairness and outcome fairness interact to influence employees' work attitudes and behaviors? The moderating effect of uncertainty [J] . Journal of Applied Psychology, 2010, 95: 291-304.

[10] De Brentani U. Success and failure in new industrial services [J] . Journal of Product Innovation Management, 1989, 6 (4): 239-258.

[11] Doerner K F, Gronalt M, Haiti R F, et al. Exact and heuristic algorithms for the vehicle routing problem with multiple interdependent time windows [J]. Computers & Operations Research, 2008, 35 (9): 3034-3048.

[12] Eslami M H, Lakemond N. Knowledge integration with customers in collaborative product development projects [J] . Journal of Business & Industrial Marketing, 2016: 889-900.

[13] Ferris D L, Spence J R, Brown D J, et al. Interpersonal injustice and workplace deviance: The role of esteem threat [J] . Journal of Management, 2012, 38: 1788-1811.

[14] Gabriel Gutiérrez-Jarpa, Desaulniers G, Laporte G, et al. A branch-and-price algorithm for the vehicle routing problem with deliveries, selective pickups and time windows [J] . European Journal of Operational Research, 2010, 206 (2): 341-349.

[15] Gärdenfors P. Fairness without interpersonal comparisons [J] . Theoria 1978: 57-74.

[16] Gebauer H, Johnson M, Enquist B. Value co-creation as a determinant of success in public transport services: A study of the Swiss Federal Railway operator (SBB) [J] . Managing Service Quality: An International Journal, 2010: 511-530.

[17] Gebert H, Geib M, Kolbe L, et al. Knowledge-enabled customer relationship management: Integrating customer relationship management and knowledge manage-

ment concepts [J] . Journal of Knowledge Management, 2003, 7 (5): 107–123.

[18] Grant R M. Toward a knowledge–based theory of the firm [J] . Strategic Management Journal, 1996, 17 (S2): 109–122.

[19] Hal Varian. Equity, envy, and efficiency [J] . Journal of Economic Theory, 1974: 63–91.

[20] Hamiache Gérard. A Matrix Approach to TU Games with Coalition and Communication Structures [J] . Social Choice and Welfare, 2012, 38 (1): 85–100.

[21] Huettner F. A proportional value for cooperative games with a coalition structure [J] . Theory and Decision, 2015, 78 (2): 273–287.

[22] Kamiyama N, Kawahara R, Hasegawa H. Optimum profit allocation in coalitional VoD service [J] . Computer Networks, 2013, 57 (15): 3081–3097.

[23] Khmelnitskaya A B, Selcuk O, Talman D, et al. The Shapley value for directed graph games [J] . Operations Research Letters, 2016, 44 (1): 143–147.

[24] Kim D. Under what conditions will social commerce business models survive? [J] . Electronic Commerce Research and Applications, 2013, 12 (1–6): 69–77.

[25] Ko D, Kirsch L J, King W R, et al. Antecedents of knowledge transfer from consultants to clients in enterprise system implementations [J] . Management Information Systems Quarterly, 2005, 29 (1): 59–85.

[26] Kolm S C. Reply to K. Binmore's review of "Modern Theories of Justice" [J] . Journal of Economics, 1998, 67: 214–216.

[27] Kumar N, Steenkamp S. The effects of supplier fairness on vulnerable resellers [J] . Journal of Marketing Research, 1995, 32: 54–65.

[28] Lamadrid D C L, Ríos D G R, Rodado D N, et al. Shapley value: Its algorithms and application to supply chains [J] . INGE CUC, 2017, 13 (1): 57–66.

[29] Li T, Calantone R J. The impact of market knowledge competence on new product advantage [J] . Journal of Marketing, 1998, 62: 13–29.

[30] Lievens A, Moenaert R K, Jegers R S. Linking communication to innova-

tion success in the financial services industry: A case study analysis [J]. International Journal of Service Industry Management, 1999: 23-48.

[31] Liu, Huang, Luo, et al. How does justice matter in achieving buyer-supplier relationship performance? [J]. Journal of Operations Management, 2012: 355-367.

[32] Luo Y. From gain-sharing to gain-generation: The quest for distributive justice in international joint ventures [J]. Journal of International Management, 2009: 343-356.

[33] Luthans F, Luthans K W, Luthans B C. Positive psychological capital: Beyond human and social capital [J]. Business Horizons, 2003: 45-50.

[34] Moulin H. Cooperative microeconomics: A game-theoretic introduction [M]. New York: Princeton University Press, 2014.

[35] Nagel R. 21st century manufacturing enterprise strategy [M]. Bethehem: Iacocco Institute, Lehigh University, 1992.

[36] Nash Jr J F. The bargaining problem [J]. Econometrica: Journal of the Econometric Society, 1950: 155-162.

[37] Nätti S, Halinen A, Hanttu N. Customer knowledge transfer and key account management in professional service organizations [J]. International Journal of Service Industry Management, 2006: 304-319.

[38] Nishizaki I S M. Solutions based on fuzzy goals in fuzzy linear programming games [J]. Fuzzy Sets and Systems, 2000, 115: 105-119.

[39] Olbrich R, Holsing C. Modeling consumer purchasing behavior in social shopping communities with clickstream data [J]. International Journal of Electronic Commerce, 2011, 16 (2): 15-40.

[40] Peng W, Lv X. Study on service supply chain profit distribution model based on quality control [C]. International Conference on Service Systems and Service Management (ICSSSM). IEEE, 2014: 1-7.

[41] Peter W. Open science and data science [J]. Data Intelligence, 2021, 3 (1): 95-105.

[42] Plewa C, Korff N, Johnson C, et al. The evolution of university-industry linkages—A framework [J]. Journal of Engineering & Technology Management, 2013, 30: 21-44.

[43] Prahalad C K, Ramaswamy V. Co-opting customer competence [J]. Harvard Business Review, 2000, 78: 79-90.

[44] Roemer J E. Theories of distributive justice [M]. Boston: Harvard University Press, 1998.

[45] Sarker S, Sarker S, Nicholson D B, et al. Knowledge transfer in virtual systems development teams: An exploratory study of four key enablers [J]. IEEE Transactions on Professional Communication, 2005, 48: 201-218.

[46] Slater S F, Narver J C. Market orientation and the learning organization [J]. Journal of Marketing, 1995, 59 (3): 63-74.

[47] Su H. An empirical research of the impact of the knowledge receiver's characteristics on knowledge transfer efficiency [J]. Intelligence Magazine, 2009, 28 (5): 138-142.

[48] Szulanski, Gabriel. Exploring internal stickiness: Impediments to the transfer of best practice within the firm [J]. Strategic Management Journal, 2015, 17 (S2): 27-43.

[49] Vargo S L, Maglio P P, Akaka M A. On value and value co-creation: A service systems and service logic perspective [J]. European Management Journal, 2008, 26: 145-152.

[50] Von Neumann J, Morgenstern O. Theory of games and economic behavior [M]. New York: Princeton University Press, 2007.

[51] Wang C, Zhang P. The evolution of social commerce: The people, management, Technology, and Information Dimensions [J]. Communications of the Associa-

tion for Information Systems, 2012, 31 (5): 105-127.

[52] Wei M. Empirical study on the benefit distribution model of port supply chain under cloud environment [J]. Journal of Coastal Research, 2019, 94 (SI): 793-797.

[53] Yang R, Bhulai S, Rob van der Mei. Structural properties of the optimal resource allocation policy for single-queue systems [J]. Annals of Operations Research, 2013, 202: 211-233.

[54] Zhang C, Liu X, Jiang Y P, et al. A two-stage resource allocation model for lifeline systems quick response with vulnerability analysis [J]. European Journal of Operational Research, 2016, 250 (3): 855-864.

[55] Zhang H, Lu Y, Gupta S, et al. What motivates customers to participate in social commerce? The impact of technological environments and virtual customer experiences [J]. Information & Management, 2014, 51 (8): 1017-1030.

[56] Zhao L, Zhang Q, Wang L. Benefit distribution mechanism in the team members'scientific research collaboration network [J]. Scientometrics, 2014, 100 (2): 363-389.

[57] Zhao Jianyu, Li Xi, et al. Research on the characteristics of evolution in knowledge flow networks of strategic alliance under different resource allocation [J]. Expert Systems with Application, 2018: 242-256.

[58] Zwass V. Co-creation: Toward a taxonomy and an integrated research perspective [J]. International Journal of Electronic Commerce, 2010, 15: 11-48.

[59] 陈立敏, 王璇. 2000—2007 年知识转移理论研究综述 [J]. 情报科学, 2009, 27 (1): 137-144.

[60] 陈伟, 张永超, 马一博等. 基于 AHP-GEM-Shapley 值法的低碳技术创新联盟利益分配研究 [J]. 运筹与管理, 2012, 21: 220-226.

[61] 程惠芳, 丁小义, 翁杰. 国际产品内分工模式对中国工业部门收入分配格局的影响研究 [J]. 中国工业经济, 2014 (7): 58-70.

［62］戴建华，薛恒新．基于 Shapley 值法的动态联盟伙伴企业利益分配策略［J］．中国管理科学，2004（4）：34-37．

［63］董保民，王运通，郭桂霞．合作博弈论：解与成本分摊［M］．北京：中国市场出版社，2008．

［64］董彪，王玉冬．基于 Nash 模型的产学研合作利益分配方法研究［J］．科技与管理，2006（1）：30-32．

［65］董媛媛，王宏起．基于系统动力学 R&D 联盟知识转移行为研究［J］．情报科学，2014，32（6）：51-55+63．

［66］范钧，邱瑜，邓丰田．顾客参与对知识密集型服务业新服务开发绩效的影响研究［J］．科技进步与对策，2013，30（16）：71-78．

［67］范晓屏．基于虚拟社区的网络互动对网络购买行为的影响研究［D］．浙江大学，2007．

［68］付秋芳，马健瑛，忻莉燕．基于 Shapley-RIEP 值的供应链收益分配模型［J］．统计与决策，2015（2）：52-56．

［69］高洁．种子企业与公共科研部门合作研发利益分配模式研究［J］．种子，2013，32（11）：63-67．

［70］高长春，刘诗雨，黄昕蕾．创意产业集群知识网络知识转移行为仿真分析——基于知识刚性及知识异质性视角［J］．科学管理研究，2019，37（4）：79-86．

［71］耿荣娜，张向先，郭顺利．社会化电子商务用户信息采纳行为影响因素研究［J］．情报科学，2017，35（10）：160-166．

［72］贡文伟，葛翠翠，陈敬贤等．基于 Nash 谈判的三级逆向供应链合作利益分配模型［J］．工业工程与管理，2011，16（3）：16-21．

［73］郭媛媛，陆珍珍，王朝友．社会化商务中同伴特征对用户社会化分享意愿的作用机理研究［J］．情报杂志，2021，40（5）：170+201-207．

［74］胡继连，葛颜祥．黄河水资源的分配模式与协调机制——兼论黄河水权市场的建设与管理［J］．管理世界，2004（8）：43-52+60．

［75］胡丽，张卫国，叶晓甦．基于SHAPELY修正的PPP项目利益分配模型研究［J］．管理工程学报，2011，25（2）：6.

［76］胡倩，林家宝，李蕾等．社会化商务特性和社会支持对水果消费者购买意愿的影响［J］．管理学报，2017，14（7）：1095-1104.

［77］黄莉，徐升华．生态产业集群知识转移影响因素研究［J］．图书馆学研究，2015（13）：2-9.

［78］黄晓玲，洪梅香．零售商主导的模糊供应链博弈——考虑销售努力的情形［J］．运筹与管理，2020，29（1）：57-68.

［79］贾平，刘雷．企业动态联盟的博弈分析［J］．生产力研究，2003：254-255+261.

［80］解学梅，余佳惠．用户参与产品创新的国外研究热点与演进脉络分析——基于文献计量学视角［J］．南开管理评论，2021，24（5）：4-17.

［81］李纲．Shapley值在知识联盟利益分配中的应用［J］．情报杂志，2010，29：115-117.

［82］李钢，卢艳强．虚拟社区知识共享的"囚徒困境"博弈分析——基于完全信息静态与重复博弈［J］．图书馆，2019（2）：92-96.

［83］李建玲，刘伊生，马欣．共性技术联盟的利益分配研究［J］．中国科技论坛，2013（7）：51-57.

［84］李灵稚，林宁．东南亚跨国旅游利益分配模式探析［J］．国际经济合作，2009（11）：87-90.

［85］李清政，徐朝霞．顾客共同生产对服务创新绩效的影响机制——基于知识密集型服务企业在B2B情境下的实证研究［J］．中国软科学，2014（8）：120-130.

［86］李霞，宋素玲，穆喜产．协同创新的风险分摊与利益分配问题研究［J］．科技进步与对策，2008，25（12）：15-17.

［87］蔺丰奇，刘益．知识联盟的不稳定性及对策分析［J］．科学管理研究，2007（1）：57-60.

［88］刘百灵，徐阳，吴旋．人格特征对信息披露的影响——以情感为中介［J］．现代情报，2021，41（2）：97-106.

［89］刘丹，王京安，贺明明等．技术联盟内合作创新的利益分配机制研究进展［J］．南京工业大学学报（社会科学版），2015，14：99-104.

［90］刘宏，张小静．我国社会化电子商务研究现状分析——基于 CNKI 的文献研究［J］．现代情报，2017，37（2）：171-177.

［91］刘容，杨佳伟，董晓松等．社会化商务情境下商家自我呈现对顾客信任的影响研究［J］．管理学报，2021，18（3）：418-425.

［92］刘婷，王震．关系投入、治理机制、公平与知识转移：依赖的调节效应［J］．管理科学，2016（4）：115-124.

［93］卢俊义，王永贵．顾客参与服务创新与创新绩效的关系研究——基于顾客知识转移视角的理论综述与模型构建［J］．管理学报，2011，8（10）：1566-1574.

［94］卢艳秋，张公一，刘蔚．约束条件下基于 SHAPLEY 值的合作创新利益分配方法［J］．科技进步与对策，2010，27（20）：6-9.

［95］罗利，鲁若愚．Shapley 值在产学研合作利益分配博弈分析中的应用［J］．软科学，2001（2）：17-19+73.

［96］吕萍，张云，慕芬芳．总承包商和分包商供应链利益分配研究——基于改进的 Shapley 值法［J］．运筹与管理，2012，21（6）：211-216.

［97］马艳艳，王铁男，董雪艳．技术可供性视角下社会化商务用户购买意愿研究［J］．情报科学，2021，39（4）：92-98+128.

［98］穆喜产，宋素玲，吴云燕等．顾客联盟的利益分配问题研究［J］．软科学，2009（1）：127-131.

［99］南江霞，王盼盼，李登峰．非合作—合作两型博弈的 Shapley 值纯策略纳什均衡解求解方法［J］．中国管理科学，2021，29（5）：202-210.

［100］倪冠群，徐寅峰，郑斐峰．网上一口价在线拍卖的定价策略设计［J］．管理科学学报，2011，14（3）：1-9.

［101］聂家荣，李贵才，刘青．基于认知权利理论的土地权益分配模式变迁研究——以深圳市原农村集体土地为例［J］．现代城市研究，2015（4）：80-84+125．

［102］戚湧，魏继鑫．基于博弈理论的科技资源共享研究［J］．科技进步与对策，2015，32（9）：10-15．

［103］齐源，赵晓康，李玉敏．基于 Shapley 值及 Gahp 的供应链知识共享收益分配研究［J］．科技进步与对策，2011，28：132-137．

［104］任培民，赵树然．期权—博弈整体方法与产学研结合利益最优分配［J］．科研管理，2008（6）：171-177．

［105］沈璐，庄贵军，姝曼．品牌帖子转发与品牌偏好之间的因果关系［J］．管理科学，2016，29（1）：86-94．

［106］施锡铨．合作博弈引论［M］．北京：北京大学出版社，2012．

［107］时茜茜，朱建波，盛昭瀚．重大工程供应链协同合作利益分配研究［J］．中国管理科学，2017，25（5）：42-51．

［108］史会斌，王龙伟，李垣．不同学派对联盟中公平的研究综述［J］．现代管理科学，2008（7）：39-41．

［109］宋光兴，杨肖鸳，张玉青．虚拟企业的合作风险研究［J］．软科学，2004（3）：83-86．

［110］宋燕，胡飞．基于系统动力学的顾客知识转移研究［J］．情报科学，2017（2）：38-43．

［111］孙东川，叶飞．动态联盟利益分配的谈判模型研究［J］．科研管理，2001，22（2）：91-95．

［112］孙耀吾，顾荃，翟翌．高技术服务创新网络利益分配机理与仿真研究——基于 Shapley 值法修正模型［J］．经济与管理研究，2014（6）：103-110．

［113］单春玲，赵含宇．社交媒体中商务信息转发行为研究——基于强弱关系理论［J］．现代情报，2017，37（10）：16-22．

［114］谭舒，李飞翔．"知识网红经济"视域下全民价值共创研究［J］．科技进步与对策，2017，34（3）：123-127．

［115］陶晓波，杨学成，许研.社会化商务研究述评与展望［J］.管理评论，2015，27（11）：75-85.

［116］田刚，马志强，梅强等.考虑创新激励的物流企业与制造企业共生利益分配模式研究［J］.预测，2014，33（4）：64-69.

［117］田肇云，葛新权.动态联盟知识共享与合作的决策分析［J］.工业技术经济，2007（4）：104-105.

［118］王道平，弓青霞，方放.高技术企业模块化研发网络利益分配研究［J］.中国软科学，2012（10）：177-184.

［119］王红.基于社会化电子商务的信息增值模型及创新服务［J］.科技管理研究，2017，37（7）：205-211.

［120］王甜源，傅科，刘竞.零售商的斯塔克伯团购博弈分析［J］.系统工程理论与实践，2018，38（2）：401-413.

［121］王选飞，吴应良，黄媛.基于合作博弈的移动支付商业模式动态联盟企业利益分配研究［J］.运筹与管理，2017，26（7）：29-38.

［122］王燕，龙立荣，周浩等.分配不公正下的退缩行为：程序公正和互动公正的影响［J］.心理学报，2007（2）：335-342.

［123］王颖，张艺缤.夫妻权力分配模式对青少年发展的影响研究［J］.教育学报，2020，16（1）：63-72.

［124］魏如清，唐方成.用户生成内容对在线购物的社会影响机制——基于社会化电商的实证分析［J］.华东经济管理，2016，30（4）：124-131.

［125］魏尉，梅姝娥，江芬芬.企业分享奖励机制中的价格策略及奖励策略研究［J］.软科学，2020，34（3）：49-55.

［126］魏尉，梅姝娥，仲伟俊.分享激励模式下社会化商务平台定价策略研究［J］.软科学，2017，31（10）：105-109+114.

［127］温修春，何芳，马志强.我国农村土地间接流转供应链联盟的利益分配机制研究——基于"对称互惠共生"视角［J］.中国管理科学，2014，22（7）：52-58.

[128] 吴国栋，吴忠，丁绪武等．国内社会化商务研究的可视化分析——基于知识图谱视角 [J]．管理现代化，2019, 39 (1)：86-91.

[129] 吴江华，翟昕．信息共享对供应链合作广告影响的博弈分析 [J]．中国管理科学，2012, 20 (5)：98-105.

[130] 吴菊华，高穗，莫赞等．社会化电子商务模式创新研究 [J]．情报科学，2014, 32 (12)：48-52+66.

[131] 吴菊华，徐梦，莫赞等．社会化电子商务平台的设计研究 [J]．现代情报，2016, 36 (5)：117-122.

[132] 徐广，郝亚琳，黄有亮．建筑供应链利益分配模式研究 [J]．建筑经济，2009 (7)：12-14.

[133] 许茂增，周翔，崔利刚等．低配送密度区域快递共同配送模式及利益分配 [J]．计算机集成制造系统，2020, 26 (1)：181-190.

[134] 杨秋，蒋晓．O2M 社会化电子商务平台服务设计探讨 [J]．设计，2016 (4)：138-139.

[135] 杨学成，陶晓波．从实体价值链、价值矩阵到柔性价值网——以小米公司的社会化价值共创为例 [J]．管理评论，2015, 27：232-240.

[136] 叶飞，林强．风险规避型供应链的收益共享机制研究 [J]．管理工程学报，2012, 26 (1)：113-118.

[137] 殷实，徐迪．基于社会化商务的商务模式创新策略 [J]．科学学研究，2015, 33 (8)：1271-1280.

[138] 詹美求，潘杰义．校企合作创新利益分配问题的博弈分析 [J]．科研管理，2008 (1)：8-13+28.

[139] 张根明，杨思涵．技术入股型产学研合作创新的利益分配研究——基于技术价值不确定性的新视角 [J]．软科学，2017, 31 (10)：1-5.

[140] 张捍东，严钟，方大春．应用 ANP 的 Shapley 值法动态联盟利益分配策略 [J]．系统工程学报，2009, 24 (2)：205-211.

[141] 张洪，鲁耀斌，闫艳玲．社会化购物社区技术特征对购买意向的影响

研究［J］．科研管理，2017，38（2）：84-92.

［142］张建军，赵启兰．基于"互联网+"的供应链平台生态圈商业模式创新［J］．中国流通经济，2018，32（6）：37-44.

［143］张冕，鲁耀斌．文化认同对社会化商务用户行为的影响研究［J］．华东经济地理，2014（5）：105-108.

［144］张建军，赵启兰．两级物流服务商参与的供应链最优决策与利益分配研究——基于多种合作模式视角［J］．商业经济与管理，2019（6）：15-29.

［145］张若勇，刘新梅，张永胜．顾客参与和服务创新关系研究：基于服务过程中知识转移的视角［J］．科学学与科学技术管理，2007（10）：92-97.

［146］张婉．社会化商务环境下网络互动，用户信任及购买意愿关系研究［D］．天津科技大学硕士学位论文，2016.

［147］张婉，张亮，魏大鹏．国内社会化商务研究现状综述——基于共词分析法［J］．商场现代化，2015（Z1）：11-15.

［148］张相斌，吴敏．网络环境下制造企业动态联盟的合作博弈模型研究［J］．情报科学，2013，31（2）：38-44.

［149］张育强，文兴斌．网络文化下的会计语言变革［J］．会计之友（中旬刊），2009（5）：109-110.

［150］张振刚，林春培，薛捷．区域创新系统（RIS）内的知识转移研究［J］．科技进步与对策，2011，28：36-39.

［151］赵海霞．团队薪酬分配规则与分配公平感［J］．科技管理研究，2011（14）：149-153.

［152］郑浩昊，李思．基于综合因素考虑的联合采购利益分配模式研究［J］．价值工程，2016，35（12）：7-10.

［153］钟昌宝，魏晓平，聂茂林等．一种考虑风险的供应链利益两阶段分配法——正交投影熵值法［J］．中国管理科学，2010，18（2）：68-74.

［154］周明海，姚先国．功能性和规模性收入分配的内在联系：模式比较与理论构建［J］．经济学动态，2012（9）：20-29.

［155］宗乾进.国外社会化电子商务研究综述［J］.情报杂志，2013，32（10）：117-121.

［156］曾江洪，肖沙.众筹项目双方的合作博弈模型与收益分配研究［J］.统计与决策，2017：52-54.

SC-CKT利益分配中顾客
公平感知的前因组态研究

第三章　引言

第一节　研究背景与研究意义

一、研究背景

社交媒体是以用户为主，将社会活动和信息内容相融合的网络交互平台，即"社会化"和"媒体"结合，如微博和论坛等（Blackshaw 和 Nazzaro，2016）。随着社交媒体的不断发展，2005 年雅虎公司 Daviad（Liang 和 Turban，2011）首次提出了社会化商务（Social Commerce，SC）的概念，即使用社交媒体的技术与设施来支持用户的在线交流与互动，以便能够支持用户对产品和服务的获取。在 SC 中，用户能够便捷地与他人在平台中分享自己的购物体验并进行互动。相比于传统的电子商务，SC 更具有用户交互、网络口碑、黏性、信息流动和个性化等社会化特征，在注重商务的基础上，增添了诸多人的因素，建立了人与人的网络关系，发挥人际影响作用（鞠彦辉和何毅，2012）。如今，SC 的出现，使用户能够更便利地与其他用户进行交流和互动，从而了解到更多有用的产品信息，提升用户的购物体验。

根据艾瑞咨询发布的"2019 年中国社交电商产业链图谱"，SC 平台种类繁多，主要分为四类：①拼购类，如拼多多、苏宁拼购、京东拼购等；②内容类，如小红书、淘宝、抖音电商、快手电商、蘑菇街等；③会员制，如贝店、云集、爱库存等；④社区拼团，如兴盛优选、考拉精选、松鼠拼拼等。之后，随着 SC 的逐渐发展，"2021 年中国社交电商行业全景图谱"报告显示，除了拼购类、内容类、会员制类、社区拼团类之外，直播类的 SC 平台也开始出现并被人们所熟知，如抖音直播、快手直播等。

虽然在这几类 SC 平台中，它们都具有社会化和媒体相互结合的特征，但是具体到每一个平台时，它们之间也存在着诸多的差异。例如，在拼购类平台中，虽然其顾客知识转移的发起者包含了所有用户，但是其顾客转移的知识过于单一，仅仅涉及了"发起、转发拼团和帮助砍价"等活动；在会员制平台中，会员主要是为了获得佣金，将平台内的商品或服务链接直接分享给其他用户，并引导其他用户至平台购物消费；在社区拼团平台中，社区团长是将产品链接直接发往社区当中，其他用户可以通过"预购+自提"的模式，当天在线上进行下单，次日到门店进行自提。由此可见，这三类 SC 平台的"顾客行为"主要是分享产品链接等客观信息给他人，较少涉及顾客对产品知识的主观表达和陈述。而相较于这三类 SC 平台，内容类和直播类平台的顾客知识转移的程度更高、顾客转移的知识更为丰富。因为在内容类和直播类的 SC 平台中，顾客可以通过文字、视频或直播形式进行顾客知识转移活动，并将自己对产品的理解和使用体验等主观知识发布到平台当中。这一活动不仅可以为平台内的其他用户提供更多与产品有关的知识信息，同时还可以使顾客同其他用户进行"社区互动"。由此，形成顾客知识转移的正循环。基于此，本书将主要以内容类和直播类的 SC 为研究对象，并将二者统称为知识型 SC 平台。

另外，根据研究发现，在知识型 SC 中，并不是所有顾客都会和平台、商家产生利益关系。结合实际现实情况可知，只有存在一定粉丝基础，且同 SC 平台和商家产生过商业合作行为的顾客，才可以通过平台内的顾客知识分享，推动信息知识流动，以促进顾客知识转移进程完成，进而使 SC 顾客知识转移的总体利益形成，并实现利益在成员之间的分配工作。但是，利益分配是否公平合理，在很大程度上也对顾客知识转移产生影响，因为不公平的利益分配可能会导致顾客对平台产生不满情绪，不愿意进行知识转移，或者知识转移行为半途中止。只有当顾客能从知识转移中获得符合自身期望的利益时，他们才会积极参与其中，顾客知识转移才能取得比较良好的效果。有研究指出，合作方的利益分配是一个非常关键而且矛盾突出的问题，直接会关系到合作的成功或失败（穆喜产和宋素玲，2009）。

本书经过文献梳理之后发现，学者对于顾客视角下的 SC 顾客知识转移利益分配公平感知影响因素研究还相对匮乏，且已有关于利益分配公平感知的研究多是基于单因素视角，分析单个变量与利益分配公平感知的相关性研究，较少考虑不同影响因素之间的交互作用对利益分配公平感知的影响作用。基于此，本书将探索在顾客视角下，SC 顾客知识转移利益分配公平感知的前因组态。主要关注的问题有：哪些因素可能影响顾客知识转移利益分配公平感知程度？影响因素组态如何作用于顾客知识转移利益分配公平感知？确定因素组态后，每个前因条件在组态中是如何与其他变量共同发挥作用的？

二、研究意义

1. 理论意义

本书的研究丰富了基于顾客视角下，SC 顾客知识转移的利益分配公平感知相关理论研究。虽然目前学者们对 SC、顾客知识转移和利益分配公平感知的研究相对丰富，但是经过文献梳理后发现，以往多是讨论在知识联盟、产学研联盟和动态联盟下，联盟企业主体对联盟的投入、贡献、努力和承担的风险对其利益分配公平感知的影响作用。而关于以 SC 顾客知识转移为现实背景，探索哪些因素会对顾客的利益分配公平感知产生影响时，由于各主体的投入、努力等变量难以进行量化，故本书运用模糊集定性比较分析方法，从 SC 顾客知识转移的利益形成和利益分配两个阶段出发，通过归纳法构建了关于顾客利益分配公平感知前因变量的理论框架和模型。通过组态分析，探讨七个因素对顾客视角下 SC 顾客知识转移利益分配公平感知存在的影响，得出的实现高水平的顾客利益分配公平感知的组态结果，也对不同变量综合导致同一结果的情况进行了解释，在一定程度上丰富并发展了在 SC 顾客知识转移背景下的利益分配公平感知的研究成果。

2. 现实意义

本书为提高 SC 顾客知识转移利益分配的顾客公平感知，并促进 SC 平台、入驻商家和顾客之间的长久合作提供了指导和建议。作为知识型的 SC 平台，顾客知识转移活动能否顺利完成，关乎 SC 平台和入驻商家的利益所得及其日后的发展。本文基于模糊集定性比较分析来探讨 SC 顾客知识转移利益分配的顾客公平感知前因组态，有助于帮助 SC 平台、入驻商家更好地了解并明确自己满足何种条件时，才有利于提升顾客的利益分配公平感知，进而促进顾客愿意继续在平台内进行知识转移，以实现各方可持续合作。

第二节　研究方法与研究内容

一、研究方法

1. 定性比较研究

本书采用由 Ragin（杜运周和贾良定，2017）提出的定性比较分析方法（Qualitative Comparative Analysis，QCA）进行研究。该方法主要是发现并解释导致某结果变量是否发生的前因变量及其组合，它结合了案例导向方法与变量导向方法的优势，但是它与传统的基于相关性的定量分析方法的不同之处在于，它要分析与解释的是各个前因条件的综合效应而非净效应。

本书基于此方法，首先，确定了文章的研究对象，并构建出研究的理论框架和理论模型。其次，本书根据模糊集定性比较分析选择案例样本的原则，确定了合适的样本平台、调查对象及其所需样本量。最后，本书进一步进行问卷量表的完善、数据的收集、问卷量表的信效度分析等工作，并用 SPSS、AMOS 和 fsQCA3.0 软件对有效数据进行分析和验证。

2. 问卷调查法

问卷调查法是国内外学者在社会调查中使用较为广泛的一种方法，研究者主要通过对所研究的问题进行测量，从而收集调研资料。本书将采用问卷调查法，通过对知识型 SC 平台内，有一定粉丝基础，且同平台和商家产生过商业合作的顾客发放问卷，共获取有效问卷 208 份，这为本书的数据分析和研究提供了数据支持。

二、研究内容

本书探究基于顾客视角下，SC 顾客知识转移利益分配公平感知前因组态。对于利益分配公平感知的影响因素，以往更加关注的是单因素的净效应，由于本书是以 SC 中顾客知识转移为研究背景，该背景下的 SC 平台、入驻商家和顾客在顾客知识转移活动中是合作关系，利益分配受各方面因素交互作用的影响，故而影响顾客利益分配公平感知的各因素并非孤立存在的。因此，相比单因素分析，多角度综合考虑影响利益分配公平性的因素将更能充分地了解其复杂的因果关系。所以本书选择卷入度、伙伴的合作特征（能力、兼容性、承诺）、产品类型、信息不对称和利益分配规则作为前因变量，顾客的利益分配公平感知作为结果变量形成本书的理论框架。本篇具体的各章节内容安排如下：

第三章，引言。本章主要是基于现实背景，提出本书的研究问题，并说明本书研究的理论意义和现实意义，介绍研究方法、研究内容和技术路线。

第四章，理论模型构建及变量测量。本章主要包括基于 QCA 方法前因变量选择原则，根据归纳法划分出五个维度，并选出七个前因变量，即卷入度、伙伴的合作特征（能力、兼容性、承诺）、产品类型、信息不对称和利益分配规则，并以此为基础构建本书的理论模型。另外，基于 QCA 选取样本量的原则，来确定本书的样本数量、成熟量表和测量方式的选择。

第五章，数据收集与分析。本章主要包括数据收集、信效度检验及 fsQCA 分析。其中，效度分析包括探索性因子分析和验证性因子分析，fsQCA 分析包括变量校准、必要条件分析、真值表构建、fsQCA 运算结果和稳健性检验。

第六章，结论与讨论。本章主要包括对数据分析结果进行汇总性阐述，并根据研究结果为完善在社会化商务顾客知识转移活动利益分配的顾客公平感知提出建议。同时，指出本书的创新性成果及目前存在的局限，并提出研究展望。

第四章　理论模型构建及变量测量

本章介绍了在 SC 中顾客知识转移利益分配的顾客公平感知前因变量识别、选择和理论模型构建三部分。其中，前因变量识别是基于理论基础和实际背景；而后，基于前因变量识别，本书确定了在 SC 中顾客知识转移利益分配的顾客公平感知的七个前因条件；最后，本书对其前因组态的研究模型进行了构建。

第一节　理论框架构建

一、前因变量选择原则

本书经过文献梳理发现，目前现有的利益分配公平感知相关研究大多是针对单个影响因素的独立作用而进行的假设或净效应分析。不仅缺少关于多影响因素共同作用于利益分配公平感知的研究，也没有对多因素间交互作用的相关探索。由于在 SC 平台中，顾客知识转移活动是一个通过多主体合作才能完成的活动。但是，由于各主体的参与程度不同，这便使利益分配结果及顾客对其知识转移活动所获得的利益分配的公平感知程度受到多重因素的综合影响。另外，由于目前关于利益分配公平感知影响因素的相关研究还尚未形成一定的理论框架，因此本书在进行前因组态分析之前，首先需要构建一个关于在 SC 中顾客知识转移利益分配的顾客公平感知影响因素的理论框架。

根据已有文献，采用 QCA 方法的研究，选好前因变量是首要任务。如 Rihoux 等（2008）在关于 QCA 方法的研究中就提出了四种选择前因变量的策略。一是使用严格的"波普尔"证伪方法来检验对结果产生影响的相关假设；二是补充性策略，即检验并发假设；三是采用理论视角的方法从实证研究文献的主要理论视角出发，推导出一个混合的条件组合库；四是全面策略，即依据所有现有理论、假设和解释机制的策略。另外，根据杜运周和贾定良（2017）的研究结论，在选取前因变量时，归纳和演绎是两种建构组态的方法。其中，归纳方法是根据过去的研究和经验知识，识别并选择研究的重要条件变量；而演绎方法是以一定的理论框架为基础，该理论已经包括了组态的基本类型及其构成的条件变量。根据杜运周和贾定良提出的这一理论，张明等（2020）在探索战略变革前因组态及其绩效研究中，便综合了演绎和归纳两种策略，并识别出研究所需要的可能条件，以考察不同条件的交互作用对战略变革的组态影响。基于此，本书在选择前因变量时，将结合 Rihoux 和杜运周等学者提出的归纳法构建组态框架的策略，从已有定性与定量研究中，归纳与总结出 SC 中顾客知识转移过程中顾客利益分配公平感知的影响因素框架。

二、前因变量识别

首先，由于本书探究的是顾客视角下 SC 顾客知识转移利益分配公平感知前因组态研究。已有关于利益分配公平感知的研究主要聚焦于知识联盟、产学研联盟和动态联盟等企业间的联盟，从各合作企业对联盟的投入、风险、贡献、努力等与利益形成有关的要素进行分析。而本书在识别顾客视角下 SC 顾客知识转移利益分配公平感知影响因素时，由于关于顾客的投入、贡献等要素难以进行量化，因此需要识别出较易衡量的前因条件。

其次，本书在识别前因条件时，需要考虑 SC 顾客知识转移活动所涉及的利益问题。因为，各主体通过顾客知识转移这一合作过程，会产生相应的利益报酬，即实现利益形成。之后，在合作完成后，合作方进而会根据合作所得利益在各方之间进行分配工作。由此可知，作为过程的利益形成和对结果的利益分配可能涉及的要素都将会对顾客的利益分配公平感知产生重要的影响作用。

1. 利益形成

本书从 SC 中顾客知识转移的利益形成角度出发，来识别哪些要素会对顾客的利益分配公平感知产生影响作用。

（1）主体特征

SC 平台中的顾客知识转移是一个多主体参与的价值共创活动，由于顾客自身的个体特征和伙伴（SC 平台和入驻商家）的合作特征各不相同，因此他们各自在整个顾客知识转移的进程中，会在不同程度上对价值共创的利益形成做出自己的贡献。

首先，本书的研究是以知识类的 SC 平台为背景的，而在该类平台中，商家可以选择入驻平台，并寻找到合适的顾客来为其产品进行推广，即顾客将商家的产品相关信息通过知识转移来传达给平台内的其他普通用户群体。故从顾客的角度出发，由于每个顾客的个体特征不同，他们对 SC 顾客知识转移活动的重视程度和其对利益分配结果的预期程度也会有所不同。此时，顾客会将最终的实际利益所得同之前的预期进行对比，以此评估自己的利益回报是否公平合理。故本书在探究顾客对利益分配公平感知的影响因素时，需要考虑顾客的个体特征方面，并将其纳入可能的因素当中。

其次，从伙伴的合作特征出发。根据现实情况，顾客对合作伙伴的评价和判断将会对顾客知识转移活动以及顾客对利益分配结果的判断产生一定的影响。例如，当顾客认为合作伙伴能力较强时，即使自己最终获得的经济利益报酬较少，他也会认为结果是公平的。因为，此时的顾客认为同能力较强的平台和商家进行合作，可以提升自身的知名度，并获得更多的非经济利益。故本书在探究顾客对利益分配公平感知的影响因素时，应将合作伙伴特征纳入需要考虑的范畴。

（2）知识特征

由于顾客知识转移的内容会涉及多种不同类型的产品，因此顾客知识转移的知识内容特征对于整个顾客知识转移活动和顾客自身的利益分配公平感知程度来说，也是至关重要的。结合实际情况和本书的研究情境，在 SC 平台中，顾客会进行不同种类的知识分享。当顾客知识转移的知识内容难度较大时，他们便需要为此次知识转移投入更多的时间、精力和脑力等成本。而此时，由于顾客认为他们为平台和商家做出了较多的贡献，因此，他们便会对自己未来的利益回报有较高的期待。如果实际的最终利益分配结果未达到原有的预期水平，便会使顾客的利益分配公平感知程度降低。因此，本书在探究顾客公平感知的影响因素时，顾客知识转移的知识特征应被纳入可能的因素当中。

（3）信息透明度

SC 平台、入驻商家和顾客不同主体之间的信息透明度，决定了各方之间对彼此的信息了解程度。在顾客同平台和商家合作之前，各方之间的信息不透明不仅有可能会使某一方故意隐瞒自己的真实信息情况，而且也会增加某一方利己行为的出现。根据文献研究发现，在程序公平理论的框架内，信息透明度是影响个体公平感知的重要因素（裴嘉良等，2021）。在 SC 顾客知识转移活动进行之前，若顾客不了解同平台和商家合作可能会产生的最终利益，此时，虽然平台和商家可能会由于信息不透明而取得更高水平的利益回报，但是只要顾客认为自己获得了合理的利益所得，就会有较高的利益分配公平感知。因此，本书在探究顾客视角下，SC 顾客知识转移利益分配公平感知的影响因素时，各方之间的信息透明度应被纳入可能的因素当中。

2. 利益分配

本书从 SC 中顾客知识转移的利益分配角度出发，来识别哪些要素会对顾客的利益分配公平感知产生影响作用。其中，利益分配模式是一项不可忽视的因素。

在合作联盟中，对于利益分配的决定不仅能体现出合作成员对分配公平的渴望和努力，同时也规定了成员在合作联盟中的利益所得（Leventhal，1976）。在 SC 顾客知识转移的活动中，由于各知识类的平台都有自己相对成熟的利益分配模式，如按照顾客的粉丝数量、内容垂直度或者知识转移任务的完成程度来进行最终的利益分配。此时，当顾客完成知识转移活动后，他们便会根据自己对此次活动的重视程度、对合作伙伴的评价判断、知识转移任务的难易程度水平以及各方之间的信息是否透明等具体情况，来判断根据当下的利益分配模式分配给自己的利益所得是否公平合理。当顾客认为自己的利益分配结果是公平合理的，他们的利益分配公平感知程度便会提高。由此，本书在探究顾客视角下，SC 顾客知识转移利益分配公平感知的影响因素时，利益分配模式将被纳入可能的因素中。

最后，结合整个顾客知识转移活动的过程和已有研究的归纳总结，本书最终得出如图 4-1 所示的理论框架，即影响顾客视角下，SC 顾客知识转移利益分配公平感知的因素将包括"顾客的个体特征、顾客选择的伙伴（商家和平台）的合作特征、顾客知识转移的知识特征、顾客同合作伙伴之间的信息透明度和 SC 平台的利益分配模式"。

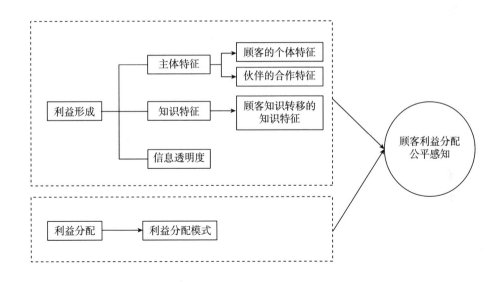

图 4-1　顾客利益分配公平感知的前因组态理论框架

第二节　前因变量选择

基于以上整合的关于顾客视角下，SC 顾客知识转移利益分配公平感知影响因素理论框架，本书尝试运用组态方法去探索 SC 平台的顾客个体特征、顾客的伙伴（商家和平台）合作特征、顾客知识转移的知识特征、顾客同合作伙伴之间的信息透明度、SC平台的利益分配模式五个维度对顾客利益分配公平感知的联合效应。上述五个维度涵盖了在SC平台中，整个顾客知识转移活动各个主体特征及其之间的相互关系。接下来本书将分别讨论这五个维度对顾客的利益分配公平感知的影响机制。

一、基于顾客个体特征

根据文献阅读和梳理可以发现，个体特征会对员工的分配公平感产生重要的影响。如薪酬公平感主要包括分配公平、程序公平和互动公平（Brown 等，2006）。另外，由于员工对薪酬的公平感具有较强的主观色彩，故其薪酬公平感不仅会受员工所处的需求层次和期望的影响，还会受员工个性特征的影响。而在本书中，由于顾客对其自身的利益分配公平感知类似于员工对薪酬的分配公平感，其感知程度不仅会受自身个体特征的影响，而且感知结果也是基于顾客个人的主观判断产生的。故本书在探究顾客利益分配公平感知的影响因素时，需要考虑顾客个体特征对利益分配公平感知的影响。

基于本书的研究背景和现实情况，在SC顾客知识转移的活动中，顾客会根据具体的背景环境和知识转移的信息内容，对其产生不同的重视程度。而根据文献研究发现，"卷入度"一词，不仅是基于顾客个体特征情况的一项概念，而且还可以体现出顾客在进行知识转移活动时，自身对该项活动的重视情况。故本书将以卷入度表示顾客的个体特征情况。

而关于卷入度的概念，如今被应用最为广泛的便是1985年Zaichkowsky提出的，即卷入度是一个结合了个体、情境和产品特性的复杂整体，是指个体基于需求、兴趣和价值所感知到的与客体的相关性和重要性（Zaichkowsky 和 Lynne，1985）。目前，许多文献也从不同角度对卷入度做出了探讨。如李琪等（2021）在对电商直播观众的信息处理及购买意愿研究中，便引入卷入度，并表示直播观众卷入度是一个关键的边缘线索，它代表了观众感知现有的共同观看者参与直播互动的程度。Zhehui 和 Bernard（2021）的研究表明，用户对网站的卷入度会影响用户对网站的态度和在该网站上的购买意愿。王林等（2020）基于 fsQCA 方法，将卷入度作为条件变量，并得出两条会实现高品牌依恋的路径结论。由此，基于上述研究和需要，本书关于卷入度的定义将采用 Zaichkowsky 所提出的概念。其中，顾客卷入的客体是 SC 中的顾客知识转移活动。

最后，关于卷入度对顾客利益分配公平感知的影响作用。有研究表明，高卷入度的个体通常都会投入更多的认知和努力对待与客体相关的信息，且在做出与客体相关的决策时，会进行更加细致的思考（Petty 和 Cacioppo，1983）。而在 SC 的顾客知识转移过程中，当顾客的卷入度越高时，他们便会更加重视自己参与的 SC 顾客知识转移活动，并且认为自己与此项活动是相互关联的。由此，他们便会从不同的渠道获取更多的产品信息，以求能够为其他用户带来更加精准和有用的产品知识。基于此，顾客便会对 SC 中顾客知识转移活动的最终利益分配结果有较高的预期，如果实际结果未达到预期水平，那么在一定程度上将会降低顾客的利益分配公平感知程度。故本书提出，卷入度将作为前变量，并对顾客视角下的 SC 顾客知识转移利益分配公平感知产生影响。

二、基于伙伴的合作特征

关于伙伴的合作特征，Lorange 等（1993）学者在其提出的 3C 理论中指出，战略联盟潜在的合作伙伴应该符合 3C 原则，即能力（capability）、兼容性（compatibility）和承诺（commitment）。其中，能力主要是指在合作联盟中，潜在的合作伙伴在生产、技术、销售、管理和资金等方面的能力的总和；兼容性主要是指合作伙伴在经营战略、公司文化、生产规模、财务能力、营销网络、控制权力等方面的匹配程度；而承诺则体现了联盟企业间的决策者对联盟关系的行为和态度，对联盟目标和联盟伙伴价值观的接受程度以及在合作过程中资源的投入强度和意愿。如今，经过 20 多年的实践和发展，3C 理论和 3C 原则不仅得到了很多战略联盟管理者的证实，而且对构建战略联盟伙伴的评价指标体系具有重要的影响和较好的适用性（姚升保，2017）。由此，本书将以 3C 原则表示伙伴的合作特征情况。

1. 能力

根据上述研究可知，企业对合作方所具能力高低的评价，是企业选择合作伙伴的重要前提之一。而在 SC 的顾客知识转移活动中，与顾客产生合作的平台和商家在同行业中所处的地位以及能力水平的高低，会影响顾客所能获得的平台技术支持水平以及商家提供的产品质量高低。

当顾客认为与其合作的 SC 平台能力水平较强时，他便会觉得通过此次合作，自己不仅可以得到平台高水平的后台技术支持，而且还能在良好的社区环境中进行自我价值的提升。此时，虽然平台给予顾客的经济利益报酬较低，但是由于顾客获得了较多的非经济利益，他们也会认为此次的利益分配结果是公平和合理的。与之类似，当顾客认为与自己合作的入驻商家在行业内有较高的能力水平时，他们便会觉得此次合作，自己不仅可以对高品质的产品知识进行知识转移活动，而且同行业水平较高的商家合作，对于顾客自身来说，也是一种能力上的肯定。此时，顾客可能更加注重于合作过程，而不是利益所得。由此可见，顾客对合作伙伴能力的评价会影响顾客视角下 SC 顾客知识转移利益分配公平感知程度。

2. 兼容性

根据上述兼容性的定义可以看出，合作各方的兼容性主要是指合作伙伴在各方面的匹配程度。在 SC 的顾客知识转移活动中，与顾客产生合作的平台和商家同顾客的契合程度，便是平台和商家在关于顾客知识转移活动过程中的目标、文化、价值观和合作关系是否相匹配。当顾客认为 SC 平台和入驻商家在各方面都与自己相契合时，他们便会更加信任对方，并相信对方的各种行为和目标都是出于良好的意图，自己会在顾客知识转移活动完成后获得自己应得的合理报酬，并得到平台和商家的公平对待。由此，本书认为，顾客对合作伙伴兼容性的评价会影响顾客视角下 SC 顾客知识转移利益分配公平感知程度。

3. 承诺

在合作联盟中，各方之间只有通过履行承诺的责任和义务，弥补联盟各方在内部资源和经营目标方面的差距，才可能建立起稳定的合作关系。例如，Antoncic 等学者表示，承诺高的伙伴将为解决短期问题、长期目标达成而付出努力，高水平的承诺期望也将促进联盟伙伴的合作关系（Antoncic 和 Prodan，2008）。在 SC 的顾客知识转移活动中，为了维持稳定的合作关系，与顾客合作的平台和商家会同顾客之间作出相应的合作承诺。当顾客在完成知识转移活动后，如果所得利益奖励结果与原有的合作程度不相符，便会使顾客产生不公平感。基于此，本书认为，顾客对合作伙伴承诺的评价会影响顾客视角下 SC 顾客知识转移利益分配公平感知程度。

三、基于知识特征

在 SC 平台中，顾客会对具有不同知识特征的产品进行知识转移活动。如小红书平台不仅有分享"穿搭"的顾客，而且也有专门分享诸如"化妆品、护肤品体验"的顾客。由于产品知识特征的不同，其产品的类型划分也是各不相同的。另外，当顾客想要在平台内同其他用户分享产品知识时，首先要做的是获取相关的产品信息内容。因此，顾客知识转移的产品知识特征可以以信息特征为基础划分的产品类型来进行说明。

关于以信息特征为基础划分的产品类型研究，学者们在不同程度上都对其进行了解释和探究。如 Lee 等（2011）将产品类型描述为一个连续体，左端的搜索产品代表的是客观性的评估产品，右端的体验产品代表的是主观性的评估产品。而 Nelson（1970）认为搜索产品是指产品的主要特征信息在购买、使用前，用户通过搜索便能获得的产品，它们的产品信息都是高度标准化的，如电脑和手机等电子产品；体验产品是用户必须在购买和使用之后才能了解其信息特征的产品，该类产品信息往往带有主观性和不确定性，如香水、酒品等。由此，根据上述分析和研究结果，本书便通过产品类型来表示顾客知识转移的知识特征情况。

而在 SC 的顾客知识转移活动中，由于顾客在进行知识转移之前，需要对其知识转移的相关产品进行试用。当转移的顾客知识内容是搜索产品时，那么顾客在试用产品之前，便可以对产品信息做一个充分客观的了解，并且其投入的成本和知识获取难度都较低。另外，由于搜索产品的标准化特质，对于平台内的其他用户来说，该顾客转移的知识内容也并不是他们可以获取信息的唯一渠道。因此，顾客会对这类知识转移内容的最终利益分配结果的期望值一般，实际分配结果和预期结果可能差距也不大。此时，顾客的利益分配公平感知程度会相对较高。

相比于搜索产品，当顾客转移的知识内容是关于体验型产品时，在试用产品之前，关于产品的客观信息，顾客难以做到充分客观的了解，只能通过亲身体验产品后，才能对产品有一个较为清晰的认知。另外，由于体验产品的非标准化特性，使顾客在试用产品时，需要投入的成本和知识获取难度都相对较高。因此，相比于转移搜索产品知识内容，顾客会对体验产品的知识转移利益分配结果有更高的期望，如果最终顾客的实际所得和期望利益回报差距较大，会对顾客的利益分配公平感知产生一定程度的影响作用。基于此，本书提出，顾客知识转移的产品类型会对顾客视角下 SC 顾客知识转移利益分配公平感知产生影响。

四、基于信息透明度

在合作联盟中，信息是否对称会影响各方掌握信息的透明程度，故意隐瞒信息通常会导致合伙人之间产生误解和冲突，进而使协调成本增加，决策质量也随之降低。而在 SC 顾客知识转移活动中，平台、商家和顾客之间的信息是否对称，也体现出了各方相互之间对信息的了解情况。

根据文献研究分析发现，Stigler（1961）指出，不对称信息是指交易的一方拥有另一方不拥有的信息，这种信息甚至第三方也无法验证，即使能够检验也要花费大量的人力、物力、财力和精力。如今，关于信息不对称水平的探究，国内外学者对信息不对称水平的影响作出各方面的探究。例如，Glaister 等（2003）认为缺乏足够的信息可能会使组织难以预测和回应联盟伙伴的机会主义行为，导致监控成本增加。Kwon（2008）发现故意隐瞒企业间信息的行为会导致合作伙伴之间产生误解、冲突，从而增加协调成本并降低决策质量。贾殿村等（2004）在研究信息不对称水平下跨国公司 R&D 联盟的风险防范中表示，由于联盟双方处于信息不对称水平的状态下，使联盟双方存在极大的风险。因此，根据上述分析和研究结果，本书便通过信息不对称水平表示各主体之间的信息透明度的情况。

在 SC 的顾客知识转移活动过程中，顾客同与之合作的平台和商家之间所拥有的信息便可能会存在不对称的情况。例如，当顾客在知识转移合作开始之前，对于平台设置的顾客发布笔记的激励机制、商家给予同类型顾客的利益报酬等内容了解不够清晰时，顾客会根据自己了解到的关于 SC 顾客知识转移的利益分配决策过程中的相关信息，来评估自己是否获得了自己应得的利益，进而影响最终的利益分配公平感知水平。基于此，本书认为，信息不对称水平对顾客视角下 SC 顾客知识转移利益分配公平感知产生影响。

五、基于利益分配模式

在合作联盟中，合作各方所约定的利益分配模式是一种相对稳定的，用于解决利益分配问题的方法论。而在利益分配模式下，还存在着各种不同的具体的利益分配规则，这些规则确定了一些标准，而根据这些标准，可以将某些资源的分配定义为公平和公正的。

关于利益分配规则问题，Lerner（1974）等在研究中便表示，利益分配者可以遵循多种可替代的分配规则，例如：遵循公平的规则，并根据接收者的贡献分配奖励和资源；遵循平等的规则，对所有的合作成员一视同仁；遵循互惠的规则，即以对方对待自己的方式对待对方；遵循需求响应的规则，即给予有更大需求的成员更多利益；遵循遵守承诺的规则，即按照事先商量好的协议进行分配。另外，Mahajan（2001）等在探讨奖励结构对跨职能产品开发团队绩效的影响研究中提出，利益分配规则可以分为平等分配、以职位为基础的分配、以结果为基础的分配和以过程为基础的分配，在不同的情境下，不同的分配规则会给成员带来不同的满意度。由此可见，利益分配者将需要对各种利益分配规则进行调和，并决定应该遵循哪个规则（Leventhal，1976）。故本书将用利益分配规则来表示 SC 顾客知识转移合作各方约定的利益分配模式。

根据研究发现，在不同的情境下，不同的利益分配规则所导致的分配公平感知的判断会有所差别。例如，赵海霞（2011）在团队薪酬分配规则与分配公平感的研究中便提出，在任务互依性较强，且成员的贡献相对容易识别时，采用公平分配规则情境下的团队分配公平感会显著高于平均分配规则情境下。由于 SC 中的顾客知识转移是一个多主体参与的合作过程，合理的利益分配规则可以保证顾客获得与规则相匹配的利益回报，从而进一步将提高顾客对利益分配公平的感知程度。基于此，结合 SC 中顾客知识转移这一特殊情境，本书认为，利益分配规则对 SC 顾客知识转移利益分配的顾客公平感知产生影响。

第三节　理论模型

由于 SC 中的顾客知识转移是一个价值共创的合作过程，活动最终的利益分配结果以及顾客的利益分配公平感知程度会受到各方面因素交互作用的影响。因此，相比单因素分析，多角度综合考虑影响利益分配公平感知的因素将更能充分了解其复杂的因果关系。基于此，本书建立了影响顾客知识转移的利益分配公平感知的前因要素理论模型，如图 4-2 所示。

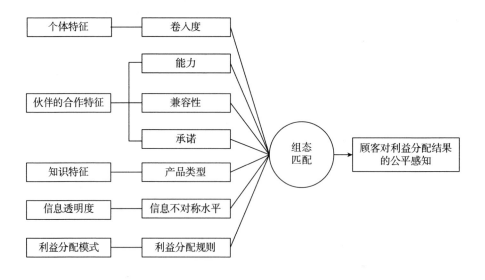

图 4-2　顾客利益分配公平感知的前因组态理论模型

第四节　变量测量

一、样本选取及数据来源

目前，问卷调查收集数据主要是通过纸质问卷和网络问卷的形式进行的。本书考虑到调查对象、调查范围、时间和经费等问题，故主要选择了通过在网络上发放问卷的形式展开本书的调研活动。

由于本书采用 fsQCA，根据杜运周在组态视角与定性比较分析中研究结果，fsQCA 方法既可用于 10 或 15 以下的小案例数的研究、10 或 15 至 50 的中等规模案例数的研究，也可用于超过 100 个案例数目的大样本研究，其案例数量的选择取决于条件因素的个数，而且样本案例数量越多则意味着对每个案例理解的深度越优先（杜运周和贾良定，2017）。因此，案例数的选择要根据实际情况来进行判断。对于要调研多少样本数量进行分析，才能使结果更加精准。已有研究成果表明，在 QCA 的相关应用中，小样本和中等样本更为适用于宏观的、可获取样本数量有效的研究。由于本书研究的是顾客视角下，SC 顾客知识转移利益分配公平感知问题，属于微观层面的研究，故本书将采用大样本研究。另外，根据研究问题，本书以 SC 平台中的顾客为研究对象。因此，首先要选择出合适的样本平台。而在选择样本平台时，根据已有文献，案例选择需遵循相似性、多样性（朱代琼和王国华，2020）和示范性（孙永波等，2021）的原则。

据此，本书选用了小红书、知乎、抖音直播三个知识类的 SC 平台。选取它们的主要原因有：其一，这三个平台具有共同的特点，即普通用户可以在平台中通过阅读顾客所分享的内容知识等信息，快速查阅到自己想要了解的产品内容，并促进其完成购买活动，是典型的知识型 SC 平台。其二，这三个平台体现出了知识类 SC 平台的多样性特征，即平台受众或顾客知识转移内容和方式等方面的差异。如数据显示，小红书平台的活跃用户主要以女性用户为主，其中占比为

90.41%，而男性占比仅为9.59%。在该平台上，顾客主要以文字、短视频等形式向其他用户传递知识，其内容主要涉及美妆、母婴、美食、家具等方面，普通用户通过查阅自己想要了解的内容信息，进而促进其完成购买活动。知乎作为一个互联网高质量的问答社区和创作者集聚的原创内容平台，它建立起社区驱动的内容变现商业模式，其品牌使命是"让人们更好地分享知识、经验和见解，找到自己的解答"。在该平台，用户可以同其他用户进行交流和互动，发现并了解自己想要的知识内容。而抖音直播主要是顾客作为主播发起直播活动，通过虚拟现场的实施过程，其他用户可以通过观看主播的直播内容，了解更多有用的知识，还可以通过直播橱窗直接进行商品购买，完成交易活动。其三，这三个平台具有示范作用，它们都是典型的知识类SC平台，其社会关注度以及示范作用较强。

基于上述分析，本书在选取样本平台后，在各个平台内分别向100名同商家和平台有合作的顾客发放调查问卷，问卷采用Likert五点衡量法，"非常同意""同意""无法确定""不同意"和"非常不同意"，分别记分为5分、4分、3分、2分和1分。

二、卷入度

经过文献梳理，Zaichkowsky（1985）提出的关于测量卷入度的RPII（Review Personal Involvement Inventory）量表，即个人量表。该量表经过诸多学者的研究验证和认可，在卷入度的研究领域中备受推崇。该量表主要以重要程度、有趣程度、相关性、令人激动程度、意义价值水平、吸引力水平、迷人程度、价值水平、关联性、需要水平10个维度为指标，测量个人的卷入程度。基于此，本书将根据文献总结以及实际情况和研究需要，并借鉴RPII量表来对顾客的卷入度进行测量（李琪等，2021）。卷入度的测量量表如表4-1所示。

表 4-1　卷入度的测量量表

变量	题项	参考文献
卷入度	1. 在 SC 平台上，我认为我向用户转移产品知识时我是重要的	Zaichkowsky（1985）
	2. 在 SC 平台上，我认为我向用户转移的产品知识与我是相关的	
	3. 在 SC 平台上，我认为我向用户转移的产品知识是有价值的	
	4. 在 SC 平台上，我认为我向用户转移产品知识时是被需要的	
	5. 在 SC 平台上，我认为我向用户转移的产品知识是有意义的	
	6. 在 SC 平台上，我对向用户转移的产品知识是很感兴趣的	
	7. 在 SC 平台上，我认为我向用户转移的产品知识是很有吸引力的	
	8. 在 SC 平台上，我认为我向用户转移产品知识时会感到很兴奋	
	9. 在 SC 平台上，我认为我向用户转移产品知识时是有感情投入的	
	10. 在 SC 平台上，我认为我很喜欢我向用户转移的产品知识内容	

三、伙伴的合作特征

1. 能力

合作伙伴的能力测量主要借鉴 Edquist、吴松强等学者的研究成果，并结合本文的 SC 中顾客知识转移的情境特征，对合作伙伴能力进行测量，如表 4-2 所示（Edquist，1997）（吴松强和赵顺龙，2009）。

表 4-2　能力的测量量表

变量	题项	参考文献
能力	1. 在 SC 顾客知识转移活动中，与我合作的 SC 平台和商家在同行业中处于领先地位	Edquist（1997）；吴松强和赵顺龙（2009）
	2. 在 SC 顾客知识转移活动中，与我合作的 SC 平台和商家准备投入的经费和人员多	
	3. 在 SC 顾客知识转移活动中，与我合作的 SC 平台和商家具有较强的新技术学习能力	

2. 兼容性

兼容性的测量主要借鉴袁磊的研究，主要通过目标、文化活动、相处方式等方面来对兼容性进行测量（袁磊，2001）。兼容性的测量量表如表 4-3 所示。

表 4-3　兼容性的测量量表

变量	题项	参考文献
兼容性	1. 在 SC 顾客知识转移活动中，与我合作的 SC 平台和商家的目标同我相匹配	袁磊（2001）
	2. 在 SC 顾客知识转移活动中，与我合作的 SC 平台和商家的企业文化和价值观同我相匹配	
	3. 在 SC 顾客知识转移活动中，与我合作的 SC 平台和商家能同我和睦相处，从而获得一个融洽的合作关系	

3. 承诺

承诺的测量主要借鉴了 Morgan 和 Hunt 的研究，主要从以下几个角度进行变量的测量（Morgan 和 Hunt，1994）。承诺的测量量表如表 4-4 所示。

表 4-4　承诺的测量量表

变量	题项	参考文献
承诺	1. 在 SC 顾客知识转移活动中，与我合作的 SC 平台和商家同我之间的关系不会因短期利益而轻易改变	Morgan 和 Hunt（1994）
	2. 在 SC 顾客知识转移活动中，与我合作的 SC 平台和商家非常重视和我的合作关系	
	3. 在 SC 顾客知识转移活动中，与我合作的 SC 平台和商家打算和我继续合作下去	

四、产品类型

本书采用问卷调查法进行数据收集。首先需要选择相关的搜索产品和体验产品。本书经过文献梳理发现，Nelson（1970）在研究中将鞋服、相机等列为搜索型产品，而香水、酒品等列为体验型产品；张艳辉等（2017）指出，像大家电这种产品的容积、能耗、品牌等客观信息明确的产品为搜索型产品，而像美容护肤类等客观产品描述信息比较有限的产品为体验型产品；Liebermann 等（1996）进一步给出了不同类别产品的更全面典型示例，如衣服、鞋子、家具、地毯、床垫作为典型的搜索产品，将化妆品、家电、旅游服务、教育等作为体验产品的典型对象。

根据搜索产品的定义，结合本书的研究背景，在 SC 平台中，考虑到顾客在 SC 平台中年轻人居多，而他们对鞋子和服装的需求大于对相机等需求。另外，当顾客在进行关于鞋子、衣服产品的知识转移活动时，其信息可以准确获取，同时转移的知识内容也较为客观，故本书选用典型的搜索产品衣服、鞋子作为研究对象。而根据体验产品的定义，在 SC 平台中，化妆品和信息知识是具有较高不确定性和主观性的产品，顾客要想对关于这类产品的知识进行转移活动时，需投入的成本和承担的风险程度都相对较高，他们需对产品进行充分了解，并对相关产品或知识信息有过亲身体验过程。基于此，本书选用化妆品、信息知识为体验产品的对象。

五、信息不对称水平

为了更全面、准确地测量信息不对称水平，同时为了更加直观地反映 SC 平台、商家和顾客联盟间信息不对称水平的高低，本书以文字的形式对其进行测量。基于此，本书借鉴和参考 Huang 等（2015）的研究成果，结合本书的研究情境共设计了 3 个题项，如表 4-5 所示。

表 4-5　信息不对称水平的测量量表

变量	题项	参考文献
信息不对称	1. 在 SC 顾客知识转移活动中，我认为我拥有关于与我合作的 SC 平台和合作商家足够的信息	Huang 等（2015）
	2. 在 SC 顾客知识转移活动中，我认为我拥有关于与我合作的 SC 平台和合作商家决策信息变化的渠道	
	3. 在 SC 顾客知识转移活动中，我认为我为促进与我合作的 SC 平台和合作商家相互理解做出许多努力	

六、利益分配规则

基于现实背景，通过对知识类的 SC 平台的调查研究，发现在小红书、抖音直播、知乎平台上目前存在三种最为常见的利益分配规则，分别是：固定等级分配、提成分配和混合分配。

首先，固定等级分配规则是指通过考虑 SC 平台内的顾客过去的知识转移效果，来确定顾客同平台和商家进行合作推广活动时所得的利益结果。例如，在小红书平台中，商家会参考顾客的粉丝量、过去笔记的评论、收藏和点赞量以及内容垂直度等因素来确定合作费用；在知乎平台中，当顾客的知乎"盐值"超过500 的时候，便可以在知乎 App 的页面上开通付费咨询，而付费咨询的收入与顾客在某一领域的专业程度和粉丝量相关。

其次，关于提成分配规则是指商家根据顾客知识转移活动结束后，根据所得利益，按照一定的比例，完成此次活动的利益分配。例如，在抖音直播中就存在纯佣金（Cost Per Sale，CPS）的分配方式，它主要是以实际销售产品数量，来换算广告刊登金额，按销售付费—按销售分成，即顾客帮助商家销售产品，并从中赚取一定比例的佣金。而在知乎平台中，用户达到 4 级，便可以申请好物推荐，即在发布的信息知识中插入广告商品，并按照交易量获取佣金。虽然这种分配模式最终的成果具有不确定性，但是也实现了平台、商家和顾客风险共担、利益共享。

最后，关于混合分配规则是指将固定等级分配与提成相结合的一种模式。在抖音直播平台中，顾客通过直播进行知识转移时，有的商家会支付给该顾客带货商品的费用，即坑位费。比如，2020 年 4 月 1 日，罗永浩首次在抖音直播，每个"坑位费"为 60 万元，其"坑位费"收入高达 1500 万元。直播过后，商家再根据用户点击产生的实际销售数量来向直播顾客支付佣金。相比提成模式，该模式降低了与平台和商家合作的顾客风险，能在一定程度上提高顾客的所得利益。

七、利益分配公平感知

目前，在现有研究公平的文献中，Colquitt 和 Jason（2001）所开发的公平感知量表题项来源于公平的经典文献，具有良好的信度和效度，受到其他学者的普遍认可和大量引用，该量表主要从投入、工作完成程度、贡献和表现四个方面来衡量分配公平。除 Colquitt 所开发的量表外，Yadong（2007）等所开发的公平感知量表也具有较高的信度和效度。其中，他将分配公平分为 4 个题项，分别从贡献、承诺、责任、努力程度四个方面来测量。另外，刘亚等（2003）在研究组织公平感对组织效果变量的影响时，对分配公平的测量主要是从努力程度、同其他同事的工作表现比较、贡献、与相同工作和职务的同事比较、责任和工作表现五个方面来判断。基于上述研究，本书将主要借鉴 Colquitt 和 Yadong 等的经典分配公平感知量表，并结合 SC 顾客知识转移的情境，共设计了 4 个题项来测量利益分配公平感知，如表4-6 所示。

表4-6　利益分配公平感知的测量量表

变量	题项	参考文献
利益分配公平感知	1. 我认为，我所得的奖励很好地反映了我为 SC 顾客知识转移活动所做出的贡献成果	Colquitt 和 Jason（2001）Yadong（2007）
	2. 我认为，我所得的奖励很好地反映了我为 SC 顾客知识转移活动所做的努力程度	
	3. 我认为，就我在 SC 顾客知识转移活动中的表现而言，我所得的奖励是公平的	
	4. 我认为，就我在 SC 顾客知识转移活动中的工作量而言，我所得的奖励是公平的	

第五章　数据收集与分析

第一节　数据收集

　　本书从 2021 年 8 月 6 日起，通过网络进行问卷发放。其中，问卷的发放途径主要有以下几种：一是在小红书、抖音和知乎平台上，以发私信的方式，将问卷发送给有一定影响力的顾客进行填写；二是通过朋友、同学的帮助，将问卷发送给他们认识熟悉的顾客进行填写；三是通过在小红书、抖音和知乎平台工作的朋友，将问卷发送给其对接的部分顾客进行填写；四是通过亲人的帮助，将问卷发送给从事"带货"行业的顾客进行填写。在正式作答问卷时，首先回答"你在 SC 平台中是否为关键意见领袖？"，以及"你是否同 SC 平台和商家进行过合作"，排除掉没有同 SC 平台和商家合作过的问卷，截至 2021 年 8 月 26 日，共计收回问卷 228 份，删除填写时长低于 100 秒的问卷后，共计有效问卷 208 份。其中，小红书的顾客 93 人，抖音直播的顾客 73 人，知乎的顾客 42 人，年龄主要集中于 18~35 岁的年轻群体。具体情况如表 5-1 所示。

　　此外，虽然已有研究提出，QCA 方法的分析结果稳健性与样本大小无关，但案例数量和条件数量之间必须达到良好的平衡，理想的平衡状态没有绝对的数值范围，大多数情况下是通过反复试错得出的。另外，根据 Marx 和 Dusa（2011）

表 5-1　样本特征情况

		SC 平台			
		小红书	抖音直播	知乎	总数
样本总数		93	73	42	208
性别	男	29	42	22	93
	女	64	31	20	115
年龄	18~24 岁	24	14	3	41
	25~30 岁	50	33	16	99
	31~35 岁	19	26	23	68

对 QCA 前因要素数量的研究结果，对于包含 6 个前因条件的 csQCA 方法，所需样本达到 39 时即可明确鉴别数据属性是随机的还是真实的，而 csQCA 又是 fsQCA 的一种特例。所以，本书 208 份的样本量足以保证分析结果的内部效度。

第二节　信度检验

问卷的信度检验为检验设计量表测量结果的可靠性程度，目前比较常用的问卷信度检验法有 Cronbach's α 值。基于此，本书将分别对卷入度（INV）、伙伴的合作特征（CAP、COMP、COMM）、信息不对称水平（IA）和利益分配公平感知（FDB）的量表进行检验。一般而言，当 Cronbach's α 系数值大于 0.9 的时候，问卷的测量结果为非常稳定；当 Cronbach's α 系度值处于 0.7~0.9 的时候，问卷的测量结果为比较稳定；当 Cronbach's α 系度值处于 0.6~0.7 的时候，问卷量表仍需完善；当 Cronbach's α 系度值结果低于 0.6 的时候，则表明问卷的调查结果可信程度较低。本书的问卷调查各维度的信度计算分析结果如表 5-2 所示，各维度信度值均高于 0.8，即结果比较可信，满足进一步分析要求。

表 5-2　信度检验表

研究变量	测量题项	项已删除的Cronbach's α 值	Cronbach's α 系数
卷入度（INV）	INV1	0.955	0.959
	INV2	0.953	
	INV3	0.956	
	INV4	0.955	
	INV5	0.955	
	INV6	0.955	
	INV7	0.954	
	INV8	0.953	
	INV9	0.955	
	INV10	0.955	
能力（CAP）	CAP1	0.808	0.869
	CAP2	0.803	
	CAP3	0.833	
兼容性（COMP）	COMP1	0.811	0.872
	COMP2	0.807	
	COMP3	0.840	
承诺（COMM）	COMM1	0.824	0.875
	COMM2	0.803	
	COMM3	0.842	
信息不对称水平（IA）	IA1	0.814	0.870
	IA2	0.800	
	IA3	0.834	
利益分配公平感知（FDB）	FDB1	0.874	0.902
	FDB2	0.867	
	FDB3	0.877	
	FDB4	0.874	

第三节 效度检验

效度分析在于研究题项是否有效地表达了研究变量或者维度的概念信息，常用的效度分析指标主要包括内容效度、结构效度、聚合（收敛）效度、区分效度等。其中内容效度指测量的内容是否适合测量的目标，主要通过专家评判法进行评估。由于本书中的问卷设计主要参考的是已有成熟量表，因此量表具有较高程度的内容效度，故本书将主要分析结构效度、聚合（收敛）效度和区分效度。其中，结构效度主要以因子分析来进行判断；聚合（收敛）效度主要由验证性因子分析中的 AVE 值和 CR 指标来进行检验；区分效度以验证性因子分析中的 AVE 和相关分析结果的对比，具体检验结果如下：

一、探索性因子分析

在做因子分析之前，需要通过 SPSS22.0 软件运算出的 KMO 检验和 Bartlett 球形检验结果判断量表是否适合进行因子分析。当 KMO 小于或等于 0.49 时，表示量表非常不适合做因子分析；当 KMO 处于 0.50~0.59 时，表示量表不适合做因子分析；当 KMO 处于 0.60~0.69 时，表示量表不太适合做因子分析；当 KMO 处于 0.70~0.79 时候，表示量表一般适合做因子分析；当 KMO 处于 0.80~0.89 时，表示量表做因子分析的适合程度好；当 KMO 大于或等于 0.90 时，表示量表做因子分析的适合程度非常好。除此之外，如果 Bartlett 球形检验统计值的 P 值小于 0.05，则说明量表数据适合做因子分析。基于此，本书分别对卷入度、伙伴合作特征、信息不对称水平以及利益分配公平感知进行 KMO 和 Bartlett 球形检验，判断其是否适合进行因子分析。

1. 卷入度

由表 5-3 可知，卷入度的 KMO 为 0.969，Bartlett's 球形检验的显著性概率值（P 值）小于 0.05，达到显著水平。

表5-3　卷入度 KMO 和 Bartlett 检验

取样足够度的 Kaiser-Meyer-Olkin 度量		0.969
Bartlett 的球形度检验	近似卡方	1849.275
	df 自由度	45
	Sig. 显著性	0.000

如表5-4所示，特征值大于1的因素有1个，1个因子共解释了原有变量总方差的73.111%。这与所采用量表的1个维度保持一致。

表5-4　卷入度总方差解释

成分	初始特征值			提取平方和载入		
	合计	方差的%	累计%	合计	方差的%	累计%
1	7.311	73.111	73.111	7.311	73.111	73.111
2	0.404	4.039	77.149			
3	0.384	3.839	80.988			
4	0.350	3.501	84.490			
5	0.325	3.252	87.742			
6	0.284	2.843	90.585			
7	0.271	2.709	93.294			
8	0.249	2.493	95.786			
9	0.220	2.202	97.988			
10	0.201	2.012	100.000			

而卷入度的各题项因子载荷结果如表5-5所示。由于各个题项的最大因子载荷均大于0.6，因此各个题项均保留。

表5-5　卷入度未旋转的因子载荷矩阵

	题项	成分
INV1	1. 在 SC 平台上，我认为我向用户转移产品知识时我是重要的	0.849
INV2	2. 在 SC 平台上，我认为我向用户转移的产品知识与我是相关的	0.879

	题项	成分
INV3	3. 在 SC 平台上，我认为我向用户转移的产品知识是有价值的	0.833
INV4	4. 在 SC 平台上，我认为我向用户转移产品知识时是被需要的	0.858
INV5	5. 在 SC 平台上，我认为我向用户转移的产品知识是有意义的	0.846
INV6	6. 在 SC 平台上，我对向用户转移的产品知识是很感兴趣的	0.837
INV7	7. 在 SC 平台上，我认为我向用户转移的产品知识是很有吸引力的	0.876
INV8	8. 在 SC 平台上，我认为我向用户转移产品知识时会感到很兴奋	0.887
INV9	9. 在 SC 平台上，我认为我向用户转移产品知识时是有感情投入的	0.842
INV10	10. 在 SC 平台上，我认为我很喜欢我向用户转移的产品知识内容	0.842

2. 伙伴的合作特征

由表 5-6 可知，伙伴的合作特征的 KMO 为 0.735，Bartlett's 球形检验的显著性概率值（P 值）小于 0.05，达到显著水平。

表 5-6　伙伴的合作特征 KMO 和 Bartlett 检验

取样足够度的 Kaiser-Meyer-Olkin 度量		0.735
Bartlett 的球形度检验	近似卡方	949.813
	df 自由度	36
	sig 显著性	0.000

如表 5-7 所示，特征值大于 1 的因素有 3 个，3 个因子共解释了原有变量总方差的 79.727%。这与所采用量表的 3 个维度保持一致。

表 5-7　伙伴的合作特征总方差解释

成分	初始特征值			提取平方和载入			旋转平方和载入		
	合计	方差的%	累计%	合计	方差的%	累计%	合计	方差的%	累计%
1	2.999	33.318	33.318	2.999	33.318	33.318	2.403	26.695	26.695
2	2.205	24.503	57.820	2.205	24.503	57.820	2.394	26.595	53.289
3	1.972	21.907	79.727	1.972	21.907	79.727	2.379	26.437	79.727

续表

成分	初始特征值			提取平方和载入			旋转平方和载入		
	合计	方差的%	累计%	合计	方差的%	累计%	合计	方差的%	累计%
4	0.383	4.260	83.986						
5	0.348	3.868	87.855						
6	0.327	3.631	91.485						
7	0.289	3.211	94.697						
8	0.253	2.811	97.508						
9	0.224	2.492	100.000						

　　采用最大方差法进行因子旋转，旋转后的各题目载荷矩阵计算结果如表5-8所示。由表5-8可知，各题目理论与实际分类结果一致，所有的因子载荷值均达到0.6以上，表明变量量表的效度可以接受。

表5-8　伙伴的合作特征旋转后的成分矩阵

题项		成分		
		1	2	3
CAP1	1. 在SC顾客知识转移活动中，与我合作的SC平台和商家在同行业中处于领先地位	0.061	0.075	0.890
CAP2	2. 在SC顾客知识转移活动中，与我合作的SC平台和商家准备投入的经费和人员多	0.089	0.037	0.891
CAP3	3. 在SC顾客知识转移活动中，与我合作的SC平台和商家具有较强的新技术学习能力	0.081	0.006	0.876
COMP1	1. 在SC顾客知识转移活动中，与我合作的SC平台和商家的目标同我相匹配	0.093	0.892	0.033
COMP2	2. 在SC顾客知识转移活动中，与我合作的SC平台和商家的企业文化和价值观同我相匹配	0.022	0.898	0.064
COMP3	3. 在SC顾客知识转移活动中，与我合作的SC平台和商家能同我和睦相处，从而获得一个融洽的合作关系	0.025	0.882	0.020
COMM1	1. 在SC顾客知识转移活动中，与我合作的SC平台和商家同我之间的关系不会因短期利益而轻易改变	0.892	0.046	0.046

续表

题项		成分		
		1	2	3
COMM2	2. 在 SC 顾客知识转移活动中，与我合作的 SC 平台和商家非常重视和我的合作关系	0.899	0.075	0.091
COMM3	3. 在 SC 顾客知识转移活动中，与我合作的 SC 平台和商家打算和我继续合作下去	0.878	0.020	0.096

3. 信息不对称水平

由表 5-9 可知，信息不对称水平的 KMO 为 0.738，Bartlett's 球形检验的显著性概率值（P 值）小于 0.05，达到显著水平。

表 5-9　信息不对称水平 KMO 和 Bartlett 检验

取样足够度的 Kaiser-Meyer-Olkin 度量		0.738
Bartlett 的球形度检验	近似卡方	304.023
	df 自由度	3
	sig 显著性	0.000

如表 5-10 所示，特征值大于 1 的因素有 1 个，1 个因子共解释了原有变量总方差的 79.319%。这与所采用量表的 1 个维度保持一致。

表 5-10　信息不对称水平总方差解释

成分	初始特征值			提取平方和载入		
	合计	方差的%	累计%	合计	方差的%	累计%
1	2.380	79.319	79.319	2.380	79.319	79.319
2	0.338	11.253	90.571			
3	0.283	9.429	100.000			

信息不对称水平的各题项因子载荷结果如表 5-11 所示。由于各个题项的最大因子载荷均大于 0.6，因此各个题项均保留。

表5-11 信息不对称水平未旋转的因子载荷矩阵

题项		成分
		1
IA1	1. 在 SC 顾客知识转移活动中,我认为我拥有关于与我合作的 SC 平台和合作商家足够的信息	0.892
IA2	2. 在 SC 顾客知识转移活动中,我认为我拥有关于与我合作的 SC 平台和合作商家决策信息变化的渠道	0.900
IA3	3. 在 SC 顾客知识转移活动中,我认为我为促进与我合作的 SC 平台和合作商家相互理解做出了许多努力	0.880

4. 利益分配公平感知

由表5-12可知,利益分配公平感知的 KMO 为0.849,Bartlett's 球形检验的显著性概率值(P值)小于0.05,达到显著水平。

表5-12 利益分配公平感知的 KMO 和 Bartlett 检验

取样足够度的 Kaiser-Meyer-Olkin 度量		0.849
Bartlett 的球形度检验	近似卡方	504.747
	df 自由度	6
	sig 显著性	0.000

如表5-13所示,特征值大于1的因素有1个,1个因子共解释了原有变量总方差的77.288%。这与所采用量表的1个维度保持一致。

表5-13 利益分配公平感知的总方差解释

成分	初始特征值			提取平方和载入		
	合计	方差的%	累计%	合计	方差的%	累计%
1	3.092	77.288	77.288	3.092	77.288	77.288
2	0.330	8.258	85.546			
3	0.305	7.626	93.173			
4	0.273	6.827	100.000			

利益分配公平感知的各题项因子载荷结果如表 5-14 所示。由于各个题项的最大因子载荷均大于 0.6，因此各个题项均保留。

表 5-14 利益分配公平感知的未旋转因子载荷矩阵

题项		成分
		1
FDB1	1. 我认为，我所得的奖励很好地反映了我为 SC 顾客知识转移活动所做出的贡献成果	0.878
FDB2	2. 我认为，我所得的奖励很好地反映了我为 SC 顾客知识转移活动所做的努力程度	0.890
FDB3	3. 我认为，就我在 SC 顾客知识转移活动中的表现而言，我所得的奖励是公平的	0.871
FDB4	4. 我认为，就我在 SC 顾客知识转移活动中的工作量而言，我所得的奖励是公平的	0.877

二、验证性因子分析

验证性因子分析主要是用来检验潜变量的聚合效度（Convergent Validity）和判别效度（Discriminant Validity）的。而在进行验证性因子分析之前，本书先对模型的拟合指标进行检验，评价模型与样本数据拟合程度的统计量，即拟合度指标。基于此，本书使用 AMOS23.0 分析软件对各变量进行验证性因子分析，图 5-1 为验证性因子分析模型。

通过软件运算，并参考表 5-15，得到各个模型拟合度指标。结果如表 5-16 所示，$\chi^2/df = 1.019 < 3$，$GFI = 0.91 > 0.9$，$AGFI = 0.889 > 0.8$，$RMSEA = 0.01 < 0.08$，$NFI = 0.926 > 0.9$，$IFI = 0.999 > 0.9$，$CFI = 0.999 > 0.9$，$TLI = 0.998 > 0.9$，可以看出，量表整体拟合指标都符合拟合指标的标准，表示实际数据与理论模型是匹配的。

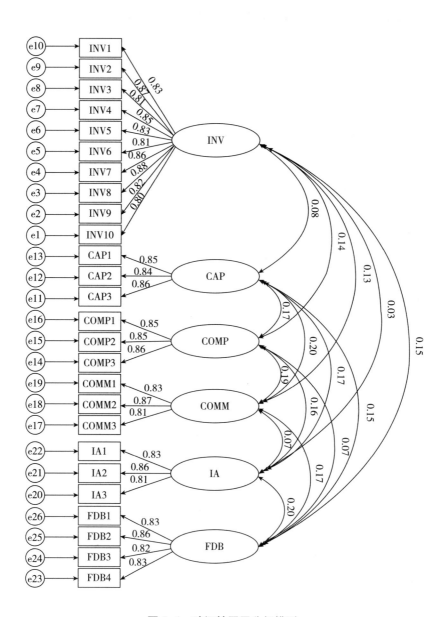

图 5-1　验证性因子分析模型

注：INV 表示卷入度；CAP 表示能力；COMP 表示兼容性；COMM 表示承诺；IA 表示信息不对称水平；FDB 表示利益分配公平感知。

表 5-15　模型拟合度指标

指标		参考标准	理想标准值
绝对拟合指标	χ^2/df	大于 0	$3<\chi^2/\mathrm{df}<5$ 接受 ≤3 更好
	GFI（Goodness-of-fit Index） 拟合优度指数	0~1	>0.90，拟合度良好 ≥0.80，可以接受
	AGFI（Adjusted goodness-of-fit index） 调整的拟合优度指数	0~1	>0.90，拟合度良好 ≥0.80，可以接受
相对拟合指标	RMSEA（Root Mean Square Error of Approximation） 近似误差均方根	大于 0	<0.05，拟合度良好 0.05<RMSEA<0.08，可以接受
	NFI（Normed Fit Index） 规准拟合指数	0~1	>0.90，拟合度良好 ≥0.80，可以接受
	IFI（Incremental Fit Index） 增量拟合度指数	0~1	>0.90，拟合度良好 ≥0.80，可以接受
	CFI（Comparative Fit Index） 比较拟合指数	0~1	>0.90，拟合度良好 ≥0.80，可以接受
	TLI（Tacker-Lewis Index） 非规准拟合指数	0~1	>0.90，拟合度良好 ≥0.80，可以接受

表 5-16　模型拟合度判断

模型拟合度指标	χ^2/df	GFI	AGFI	RMSEA	NFI	IFI	CFI	TLI
拟合标准	<3	>0.9	>0.8	<0.08	>0.9	>0.9	>0.9	>0.9
模型拟合值	1.019	0.91	0.889	0.01	0.926	0.999	0.999	0.998
模型拟合判断	是	是	是	是	是	是	是	是

在验证性因子分析结果分析中，主要通过 C. R. 值和 AVE 值来评价模型的聚合效度是否理性。其中，C. R. 值大于 0.600 时，表示内部一致性可接受，C. R. 值越高，则变量的内部一致性越高；而 AVE 值是计算潜变量对测量变量的方差解释力，AVE 值越高，则表示变量有越高的信度与收敛效度，AVE 值大于 0.500 时表示理想，在 0.360~0.500 时表示可以接受。本书的模型中各参数计算结果如表 5-17 所示，标准化路径系数值均高于 0.6，指标与潜变量之间联系紧密。组

合信度 C.R. 值达到 0.8 以上，AVE 指标大于 0.6，模型聚合效度理想。

表 5-17　验证性因子分析

路径			标准 路径系数	标准误	T 值	P 值	AVE	C.R.
INV10	<---	INV	0.822	—	—	—		
INV9	<---	INV	0.821	0.067	14.293	***		
INV8	<---	INV	0.876	0.066	15.83	***		
INV7	<---	INV	0.863	0.069	15.452	***		
INV6	<---	INV	0.815	0.064	14.13	***	0.7016	0.9592
INV5	<---	INV	0.825	0.069	14.406	***		
INV4	<---	INV	0.84	0.064	14.799	***		
INV3	<---	INV	0.812	0.067	14.067	***		
INV2	<---	INV	0.868	0.067	15.584	***		
INV1	<---	INV	0.831	0.069	14.546	***		
CAP3	<---	CAP	0.799	—	—	—		
CAP2	<---	CAP	0.845	0.089	12.423	***	0.6894	0.8693
CAP1	<---	CAP	0.846	0.09	12.431	***		
COMP3	<---	COMP	0.801	—	—	—		
COMP2	<---	COMP	0.853	0.087	12.67	***	0.6961	0.8729
COMP1	<---	COMP	0.848	0.088	12.631	***		
COMM3	<---	COMM	0.807	—	—	—		
COMM2	<---	COMM	0.87	0.087	13.027	***	0.7007	0.8752
COMM1	<---	COMM	0.833	0.086	12.711	***		
IA3	<---	IA	0.808	—	—	—		
IA2	<---	IA	0.858	0.086	12.666	***	0.691	0.8702
IA1	<---	IA	0.827	0.086	12.407	***		
FDB4	<---	FDB	0.829	—	—	—		
FDB3	<---	FDB	0.824	0.076	13.646	***		
FDB2	<---	FDB	0.856	0.077	14.353	***	0.6974	0.9021
FDB1	<---	FDB	0.831	0.079	13.813	***		

注：*** 表示 p<0.001。

关于判别效度的分析，主要通过 AVE 开方值和各个潜变量的相关系数值的对比结果进行分析。由表5-18可知，各个潜在变量 AVE 开方值高于各个潜变量的相关系数值，说明各个潜在变量具有良好的判别效度。

表5-18 各变量 AVE 开方值和相关系数判别效度检验

	INV	CAP	COMP	COMM	IA	FDB
INV	0.838					
CAP	0.077**	0.830				
COMP	0.140**	0.111**	0.834			
COMM	0.129**	0.200**	0.128**	0.837		
IA	0.035**	0.170**	0.161**	0.072**	0.831	
FDB	0.153**	0.154**	0.071**	0.174**	0.197**	0.835

注：** 表示 p<0.05，对角线为 AVE 开方值。

第四节 定性比较分析

一、变量校准

采用 QCA 方法时，需要对测量的前因条件变量和结果变量进行校准，即将变量转换为集合概念。

首先，本书中产品类型（搜索产品、体验产品）为"是否存在"的二分变量，并不涉及程度的变化，故将体验产品赋值为1，搜索产品赋值为0。

其次，本书研究中卷入度、伙伴的合作特征、信息不对称水平以及利益分配公平感知的数据均来自 Likert5 级量表，对各个连续变量取平均值，即分别选取题项 INV1、INV2、…、INV10 的均值作为顾客卷入度的初始数据；题项 CAP1、CAP2 和 CAP3 的合作伙伴能力的初始数据；题项 COMP1、COMP2 和 COMP3 的均值作为合作伙伴兼容性的初始数据；题项 COMM1、COMM2、COMM3 的均值作为合作伙伴承诺的初始数据；题项 IA1、IA2 和 IA3 的均值作为信息不对称水平的初始数据；题项 FDB1、FDB2、FDB3 和 FDB4 的均值作为利益分配公平感知的初始数据，统计后的结果如表 5-19 所示。然后，按照 Ragin 提出的 5%（fully out）、95%（fully in）以及交叉点 50%（crossover point）的标准在 SPSS 中通过"分析—描述统计—频率"对各连续变量进行统计计算，得出结果如表 5-20 所示（Ragin，2008）。

表 5-19　各连续变量均值

INV	CAP	COMP	COMM	IA	FDB
5.000	4.667	3.667	3.333	4.333	5.000
4.600	3.667	4.333	4.000	4.333	4.250
5.000	4.333	3.000	3.667	4.333	5.000
4.400	2.000	1.667	1.333	5.000	4.750
4.500	4.333	4.333	4.667	4.333	4.750
⋮	⋮	⋮	⋮	⋮	⋮
4.500	4.333	4.667	4.667	4.000	4.500
4.200	4.667	4.333	4.667	4.667	4.500

表 5-20　各连续变量统计量

百分位数	INV	CAP	COMP	COMM	IA	FDB
5	1.600	1.483	1.483	1.333	1.483	1.500
50	4.300	4.333	4.333	4.333	4.333	4.250
95	4.700	5.000	5.000	5.000	5.000	4.750

再次，利用 fsQCA3.0 中"Variables-compute-Cabriite"函数，对各个连续变量进行校准，分别通过 Cabriite（INV，1.600，4.300，4.700）、Cabriite（CAP，1.483，4.333，5.000）、Cabriite（COMP，1.483，4.333，5.000）、Cabriite

（COMM，1.333，4.333，5.000）、Cabriite（IA，1.483，4.333，5.000）、Cabriite（FDB，1.500，4.250，4.750），经过运算，最终得到的校准数据如表5-21所示。另外，由于信息不对称水平的量表题项赋值越高表示信息对称水平越高，因此在校准后，需将信息不对称水平值进行"非"处理，即用"1-IA值"将信息不对称水平进行程度转换，转换结果如表5-22所示。

表5-21　各变量隶属分数（1）

INV	CAP	COMP	COMM	IA	FDB
0.01	0.18	0.67	0.73	0.50	0.01
0.10	0.67	0.50	0.58	0.50	0.50
0.01	0.50	0.80	0.66	0.50	0.01
0.32	0.92	0.94	0.95	0.05	0.05
0.18	0.50	0.50	0.18	0.50	0.05
⋮	⋮	⋮	⋮	⋮	⋮
0.18	0.50	0.18	0.18	0.59	0.18
0.53	0.18	0.50	0.18	0.18	0.18

表5-22　各变量隶属分数（2）

INV	CAP	COMP	COMM	IA	FDB
0.01	0.18	0.67	0.73	0.50	0.01
0.10	0.67	0.50	0.58	0.50	0.50
0.01	0.50	0.80	0.66	0.50	0.01
0.32	0.92	0.94	0.95	0.95	0.05
0.18	0.50	0.50	0.18	0.50	0.05
⋮	⋮	⋮	⋮	⋮	⋮
0.18	0.50	0.18	0.18	0.41	0.18
0.53	0.18	0.50	0.18	0.82	0.18

最后，本书选择固定等级分配规则、提成分配规则和混合分配规则来测量利益分配规则给SC平台中顾客知识转移的利益分配公平感知的影响。固定等级分配规则包括通过顾客粉丝量、赞藏量、内容垂直度等因素确定的顾客知识转移的

所得利益；提成规则为纯佣金模式，是以实际销售产品数量，来换算广告刊登金额，按销售付费——按销售分成，就是你帮助商家销售产品，赚取一定比例的佣金；混合规则是一种将固定薪酬与提成支付相结合的模式。本书将提成模式设定为1，将混合模式设定为交叉点0.5，将固定等级模式设定为0。

由于在变量校准的过程中，有可能在案例条件上的模糊集隶属分数出现0.5的情况。这一情形将导致案例难以归类而不被纳入分析，最终影响分析结果。为了避免这一情况发生，部分研究者通常在0.5的基础上增加或者减少一个微小数字（如0.001），虽然这一方法从技术上能够轻而易举地解决案例归类问题，但是操作过于偏主观和武断，因为加上或减去0.001的细微差异，将使案例归属为不同的真值表行（张明和杜运周，2019）。除此之外，还有部分学者如Wagemann和Buche（2016）、Fiss（2011）等，他们在QCA的相关研究中提出，在低于1.0的每一设定值上增加一个微小数字（如0.001），以避免分配0.5隶属分数。经过分析比较，本书认为，Wagemann、Fiss等学者的观点更加客观，因为对于低于1.0的每一个值都增加0.001，并不会改变变量原有的距离。基于此本文将借鉴Fiss等学者的观点，对于小于1的值都增加0.001，并得到表5-23。

表5-23　各变量隶属分数（3）

INV	CAP	COMP	COMM	IA	BDR	FDB
0.011	0.181	0.671	0.731	0.501	0.001	0.011
0.101	0.671	0.501	0.581	0.501	1	0.501
0.011	0.501	0.801	0.661	0.501	1	0.011
0.321	0.921	0.941	0.951	0.951	1	0.051
0.181	0.501	0.501	0.181	0.501	0.001	0.051
⋮	⋮	⋮	⋮	⋮	⋮	⋮
0.181	0.501	0.181	0.181	0.411	1	0.181
0.531	0.181	0.501	0.181	0.821	1	0.181

二、单个条件的必要性分析

必要条件是导致结果发生必须存在的条件，如果必要条件在组态中不存在，那么对应结果一定不会发生，且其他条件无法弥补必要条件不存在的影响。然而必要条件的存在并不能保证结果必然发生，仍需要与其他因素一同组合才会产生相对应的结果。

本书通过 fsQCA 软件中"Analyze-Necessary Conditions"对各前因条件进行必要性分析，根据 Ragin（2006）的研究，认为当一致性大于 0.9 时，可认为该条件是结果变量的必要条件。由表 5-24 结果可知，所有条件的一致性都小于 0.9，说明这些变量均不是顾客利益分配公平感知产生的必要条件，即单一变量无法单独解释结果，多因素共同作用才能导致结果的产生。这意味着需要考察条件组态对顾客利益分配公平感知的影响。

表 5-24　顾客利益分配公平感知前因条件的必要性检验

变量	一致性	覆盖度
INV	0.694001	0.645353
~INV	0.706925	0.540654
CAP	0.751856	0.637487
~CAP	0.674709	0.560617
COMP	0.713592	0.606103
~COMP	0.688732	0.571290
COMM	0.730089	0.625471
~COMM	0.674251	0.554640
PRO	0.420321	0.531724
~PRO	0.579679	0.364021
IA	0.686441	0.568115
~IA	0.727661	0.619475
BDR	0.543122	0.550219
~BDR	0.699478	0.501124

三、条件组态的充分性分析

1. 真值表构建

根据校准锚点对原始数据进行二分处理，通过 fsQCA 中"Analyze-Truth Table Algorithm"运算构建真值表,并得到逻辑上可能的条件组态及其包含的案例数量、原始一致性分数、PRI(Proportional Reduction in Inconsistency)一致性。

首先,对于原始一致性阈值的选择,本书参照 Fiss(2011)等学者的观点,将0.8设为一致性阈值;其次,关于案例频数设置,Schneider 和 Wagemann(2012)等学者认为,对于中小样本,频数一般取值1。当样本量达到上百个时,应该确定更高的频数阈值,才能评估其模糊子集的关系(杜运周,2017)。由于本书对208个 KOL 顾客进行调研,属于大样本研究,入选标准更严格,再结合 Fiss 的研究以及实际操作结果,故设置案例频数阈值为3;最后,关于 PRI 一致性,PRI 值能够有效反映特定真值表行是 Y 而非~Y 子集的程度,其中,PRI 越高的真值表行,其存在同时子集关系问题的可能性就越低。而对于 PRI 值多高时才可以将真值表行视为结果的充分性组态,学术界目前并没有一致的结论,有研究表示,PRI 的临界值最好大约等于0.5即可接受(Thomas 等,2018;Pappas 和 Woodside,2021)。基于上述设定,将符合逻辑条件组合对应的结果变量记为1,否则记为0。

2. fsQCA 运算结果

在进行必要性条件分析和构建真值表后,本书共得到三个解,包括复杂解、简约解和中间解。其中,复杂解相对比较复杂,只分析现有实际观察到的案例的组态;简约解相对较为简单,也包括了所有的逻辑余项;中间解则包含的是有实际观察案例的组态和具有理论或者实际知识支持的逻辑余项(杜运周和贾良定,2017)。结合以往研究来看,学者们通常利用简约解和中间解进行组态的最终整合。fsQCA 运算结果如表 5-25 所示,利益分配公平感知组态结果如表 5-26 所示。

表 5-25　fsQCA 运算结果

---复杂解---			
构型	原始覆盖度	净覆盖度	一致性
INV×CAP×COMP×COMM×~PRO×~BDR	0.229264	0.167606	0.809154
INV×CAP×COMP×~COMM×PRO×BDR	0.130568	0.0511869	0.894093

续表

---复杂解---			
构型	原始覆盖度	净覆盖度	一致性
INV×CAP× ~COMP×COMM×PRO×BDR	0.123877	0.00618637	0.901158
INV×CAP× ~ COMP×COMM×PRO×IA	0.159667	0.0458713	0.911928
~INV× ~ CAP×COMP×COMM× ~ PRO× ~ IA×BDR	0.153458	0.0917998	0.810688
总体覆盖度	0.541999		
总体一致性	0.835187		

---简约解---			
构型	原始覆盖度	净覆盖度	一致性
~CAP×BDR× ~ IA	0.335831	0.0352169	0.730476
INV× ~ PRO× ~ BDR	0.276304	0.0200487	0.64253
~COMM×PRO	0.307958	0.0180095	0.739484
~COMP×PRO	0.339898	0.0220879	0.728234
INV× ~ COMP	0.547384	0.00471997	0.726957
CAP× ~ COMM×BDR	0.320594	0.00630105	0.737936
INV×CAP× ~ COMM	0.462584	0	0.783278
总体覆盖度	0.771836		
总体一致性	0.644819		

---中间解---			
构型	原始覆盖度	净覆盖度	一致性
INV×CAP×COMP×COMM× ~ PRO× ~ BDR	0.229264	0.167606	0.809154
INV×CAP×COMP× ~ COMM×PRO×BDR	0.130568	0.0511869	0.894093
INV×CAP× ~ COMP×COMM×PRO×BDR	0.123877	0.0061863	0.901158
INV×CAP× ~ COMP×COMM×PRO×IA	0.159667	0.0458713	0.911928
~INV× ~ CAP×COMP×COMM× ~ PRO× ~ IA×BDR	0.153458	0.0917998	0.810688
总体覆盖度	0.541999		
总体一致性	0.835187		

表 5-26 利益分配公平感知组态结果

条件变量	组态结果							
	1	2	3	4	5	6		7
						6a	6b	
卷入度	⊗	●	•	●	•	•	•	●
能力	⊗	•	•	●	●	•	•	•
兼容性	•	•	•	•	•	⊗	⊗	⊗

续表

条件变量	组态结果							
	1	2	3	4	5	6		7
						6a	6b	
承诺	•	•	⊗	⊗	⊗	•	•	•
产品类型	⊗	⊗	●	•	•	●	●	•
信息不对称水平	⊗						•	
利益分配规则	●	⊗	•	•	●	•		•
原始覆盖度	0.153458	0.229264	0.130568	0.130568	0.130568	0.123877	0.159667	0.123877
净覆盖度	0.0917998	0.167606	0.0511869	0.0511869	0.0511869	0.0061863	0.0458713	0.0061863
一致性	0.810688	0.809154	0.894093	0.894093	0.894093	0.901158	0.911928	0.901158
总覆盖度	0.541999							
总体一致性	0.835187							

注：INV 表示卷入度；CAP 表示能力；COMP 表示兼容性；COMM 表示承诺；IA 表示信息不对称水平；FDB 表示利益分配公平感知。●和⊗表示核心条件的存在与核心条件缺失；•和⊗则表示辅助条件，即存在于中间解的条件；空白表示该条件在此组态中可存在也可不存在。

3. 组态分析

参照 Fiss（2011）和 Ragin（2008）等学者的表述方式，同时出现在简约解和中间解中的条件变量定义为核心条件，分别用●和⊗表示核心条件的存在与核心条件缺失；•和⊗则代表的是辅助条件，即仅存在于中间解的条件；空白表示该条件在此组态中可存在也可不存在。由表 5-26 可知，根据 SC 顾客知识转移利益分配的顾客公平感知的中间解和简约解结果，共得出 7 种实现顾客知识转移的利益分配公平感知的不同组态，并且所有构型的一致性均高于 0.8，证明了"殊途同归"的特性，说明全部的组态均为解释 SC 中顾客知识转移的利益分配公平的充分条件。而所有组态的总体一致性为 0.835187，大于门槛值 0.8，也说明了 7 个组态集合对结果有较强的解释力度。

其中，组态 1（~INV×~CAP×COMP×COMM×~PRO×~IA×BDR）反映的是当顾客认为同其合作的 SC 平台和入驻商家的能力低、各方之间的信息透明度较高、SC平台的利益分配规则偏向提成模式为核心条件时，顾客在平台中分享的是自身重视程度相对较低，顾客认为合作平台和商家同自身的兼容性和承诺水平较高，且内容更加客观地搜索产品为辅助条件，此时会引发高水平的顾客利益分配公平感知。

组态2（INV×CAP×COMP×COMM×～PRO×～BDR）表明当顾客自身卷入度较高，顾客对搜索产品的信息进行知识转移，且SC平台的利益分配规则偏向固定分配规则为核心条件时，顾客通过选择自己认为水平高、兼容性高、承诺水平高的合作伙伴进行合作，可以提高自身的利益分配公平感知程度。

组态3（INV×CAP×COMP×～COMM×PRO×bdr）和组态6（6a：INV×CAP×～COMP×COMM×PRO×BDR；6b：INV×CAP×～COMP×COMM×PRO×IA）中都有顾客在SC平台中分享"体验产品"作为核心条件存在。在组态3中，顾客合伙伙伴给予顾客的承诺水平为核心条件缺失。在这种情况下，顾客卷入度、合作伙伴能力和兼容性较高，且平台采用偏向提成规则分配利益为辅助条件存在时，可以使顾客实现高水平的利益分配公平感知。组态6中由于辅助条件不同，包含了两条路径，其中，路径6a以顾客高卷入度、合伙伙伴高能力和高承诺水平以及偏向提成规则的利益分配方式为辅助条件，而路径6b是以顾客高卷入度、合作伙伴高能力和高承诺以及信息不对称水平为辅助条件。

组态4（INV×CAP×COMP×～COMM×PRO×BDR）反映的是顾客卷入度较高、合作伙伴能力较强，但是合作伙伴给予顾客的承诺水平较低为核心条件，顾客的合作伙伴同顾客的兼容匹配度较高、顾客选择体验产品对其进行知识分享、平台选择偏向提成规则的分配方式为辅助条件存在时，可以使顾客实现高水平的利益分配公平感知。

组态5（INV×CAP×COMP×～COMM×PRO×BDR）反映的是合作伙伴能力较强、承诺水平较低、SC平台采用偏向提成规则分配利益为核心条件存在时，顾客对知识转移十分重视，合作伙伴与顾客之间的兼容匹配程度较高，且顾客在SC平台中分享体验产品的相关知识为辅助条件存在，可以使顾客实现高水平的利益分配公平感知。

组态 7（INV×CAP×～COMP×COMM×PRO×BDR）反映的是顾客卷入度较高，伙伴的兼容性较低为核心条件，而合作伙伴的能力、给予顾客的承诺水平较高、顾客分享体验产品的相关知识时，且 SC 平台选择偏向提成的利益分配规则为辅助条件时，可以促使顾客实现高水平的利益分配公平感知。

四、稳健性检验

由于具有良好一致性和覆盖率指标的前因条件构型，也有可能存在较差的预测性。因此，在 QCA 的分析中，稳健性检验是很有必要的一个环节，可以看出结果是否稳定。定性比较分析的稳健性检验主要包括多种方法，如适当增减案例数、调整条件变量、调整校准时选择的阈值、改变一致性门槛值、改变案例频数等都可以作为选择（Gigerenzer 和 Brighton，2009）。为了进一步验证研究结果的稳定性，本书将一致性阈值从 0.8 提升至 0.85，对 SC 顾客知识转移的利益分配公平感知的前因条件构型进行重新分析，一致性门槛值提高之后，整体结果的一致性由原来的 0.835187 提升为 0.885242。

此外，研究结果解中只筛掉了 "INV×CAP×COMP×COMM×～PRO×～BDR" 和 "～INV×～CAP×COMP×COMM×～PRO×～IA×BDR" 这两个组态，其他组态解并未发生改变，整体而言未发生显著变化。说明本文的定性比较分析结果具备良好的稳健性。

第六章　结论与讨论

第一节　不同组态路径分析

　　基于小红书、抖音直播和知乎三个知识类 SC 平台中 208 个顾客研究样本，本书使用 fsQCA 方法综合讨论了卷入度、伙伴的合作特征（能力、兼容性、承诺）、产品类型、信息不对称水平和利益分配规则对顾客利益分配公平感知的组态效应。本书研究发现，7 个组态均能导致高水平的顾客利益分配公平感知，也说明了组态视角的"殊途同归"的特性。

一、纵向对比结果

　　根据 7 个组态的核心条件及其背后的逻辑解释，本书发现了 7 条引发高水平顾客利益分配公平感知的驱动路径。由于本书探究的是哪些因素会对顾客视角下 SC 顾客知识转移利益分配公平感知产生重要影响，而对于顾客来说是，SC 平台采用何种利益分配规则，会直接影响其顾客知识转移活动所能获得的最终报酬结果。因此，SC 平台对利益分配规则的选择对于顾客的利益分配公平感知来说是至关重要的。综合本书研究，SC 平台可以根据适当情境选择以下几种利益分配规则，即"必偏向提成规则分配利益""必偏向固定规则分配利益""辅以偏向提成规则分配利益"。

第一，由组态结果发现，在组态 1 和组态 5 中，SC 平台采用偏向提成规则分配利益为核心条件。其中，组态 1（~INV×~CAP×COMP×COMM×~PRO×~IA×BDR）表示，顾客认为同其合作的 SC 平台和商家的能力相对较低，但是各方之间具有较高的信息透明度，这在一定程度上可以提升顾客、SC 平台和商家之间的相互信任程度，从而弥补顾客认为合作伙伴能力偏低带来的不利影响。此时，如果平台想要顾客达到高水平的利益分配公平感知，他们要选择一个合理的利益分配规则。相较于固定分配规则，根据顾客知识转移结果进行分配的提成规则，更能体现出"多劳多得"和"按劳分配"的效果，即顾客最终的利益所得是根据他在平台内进行的知识转移变现等结果来分配的。基于此，这一组态可以称为"伙伴低能力—信息高透明—利益分配用提成"。

而组态 5（INV×CAP×COMP×~COMM×PRO×BDR）体现了顾客的合作伙伴特征和 SC 平台的利益分配规则对顾客高水平的利益分配公平感知的重要作用。当顾客认为其合作伙伴能力较强，但是合作伙伴并没有给予顾客相对明确的承诺时，平台为了保证顾客高水平的利益分配公平感知，需要采用偏向提成规则来分配利益。这样的选择可以增进平台、商家和顾客之间的交流和配合，以减轻"低承诺"给顾客带来的不确定性和危机感，进而使得平台、商家和顾客之间形成"利益共享、风险共担"的关系。基于此，本书称这一组态为"伙伴高能力、低承诺—利益分配用提成"。

第二，根据结果发现，在组态 2（INV×CAP×COMP×COMM×~PRO×~BDR）中，SC 平台以偏向固定规则分配利益为核心条件。这表示，在这种情况下，顾客对于 SC 中的顾客知识转移活动表现得十分关心。虽然在选择分享搜索产品的相关知识时，顾客只需要对该产品知识进行客观陈述，其知识转移的任务难度并不大，但顾客仍愿意为此投入大量的时间和精力等。此时，SC 平台可以选择固定分配规则进行利益分配，因为固定分配规则主要是 SC 平台和商家事先根据顾客的已有成就，同顾客商定好其应得的报酬，这也使顾客能够在进行顾客知识转移之前就清楚地了解到自己的利益所得，进而能够促进顾客更放心地投入顾客知识转移活动当中。另外，不同于组态 1，组态 2 中顾客的合作伙伴能力高、兼容性高和承诺水平高均为辅助条件存在。在这一系列核心条件和辅助条件的作用下，顾客最终便获得了较高的利益分配公平感知。故本书将这一组态命名为"顾客高重视—知识转移低难度—利益分配用固定"。

第三，根据表 5-26 发现，组态 3、组态 4、组态 6a 和组态 7 均以 SC 平台采用偏向提成规则来分配利益为辅助条件。可以看出组态 3（INV×CAP×COMP×~COMM×PRO×BDR）和组态 6 中都有顾客在 SC 平台中分享"体验产品"知识作为核心条件存在。在组态 3 中，反映的是当 SC 平台和商家给予顾客的承诺偏低，但是顾客依旧转移任务较难的体验产品知识为核心条件存在，顾客卷入度较高、合作伙伴能力和兼容性较高、利益分配偏向提成规则为辅助条件存在。此种情况是顾客为小粉丝量的博主，而与其合作的商家提供的产品是顾客十分喜爱和认可的大牌产品。此时，虽然商家无法给顾客较高的承诺，但是，顾客依旧会认为能和该品牌的商家合作不仅是对自己的激励，同时，自己也可以从合作中获得非经济利益。由此，不管平台采用何种利益分配规则，顾客只要能拿到金钱报酬就认为是公平的，但是如果采用偏向提成规则分配利益，则顾客的利益分配公平感知程度会更高。基于此，本书将组态 3 命名为"伙伴低承诺—知识转移高难度—利益分配辅用提成"。

组态 6 中，由于辅助条件不同，其包含了两条路径：6a：INV×CAP×~COMP×COMM×PRO×BDR；6b：INV×CAP×~COMP×COMM×PRO×IA。其中，路径 6a 以顾客高卷入度、合伙伙伴高能力和高承诺水平以及偏向根据顾客知识转移结果进行分配的提成模式的利益分配规则为辅助条件。该路径和组态 3 类似，合作伙伴的高能力和高承诺水平作为辅助条件在一定程度上可以弥补低兼容性给顾客带来的不利影响。另外，由于是同顾客喜爱和认可的大牌产品进行合作，顾客的利益分配公平感知并不会受到利益分配的规则设定的影响，只要能够获得报酬即可。但是，如果能根据提成规则来分配顾客的利益分配公平感知会更高。基于此，本书将组态 6a 命名为"伙伴低兼容—知识转移高难度—利益分配辅用提成"。

而路径 6b 是以顾客高卷入度、合作伙伴高能力和高承诺以及信息不对称为辅助条件。二者的区别主要是利益分配规则的选择和信息透明度。这表明，在相同的核心条件，即在顾客知识转移活动中，顾客认为合作平台和商家与自己的兼容匹配度不高，顾客分享体验产品知识内容时，平台要想让顾客实现高水平的利益分配公平感知，选择根据顾客知识转移成果分配的提成规则或者信息不对称都可以促使顾客获得较高的利益分配公平感知。基于此，本书将组态 6b 命名为"伙伴低兼容—知识转移高难度—信息辅以低透明"。

另外，组态 4（INV×CAP×COMP×～COMM×PRO×BDR）体现了顾客特征和伙伴特征对顾客利益分配公平感知的协同影响。虽然合作伙伴给予顾客的承诺水平偏低，但是顾客认为合作伙伴能力较强，他们可以为顾客提供相对完备的技术、产品等支持，这可以抵消承诺水平较低带来的负面影响，顾客依旧对知识转移活动相当重视。这表明，高水平的顾客利益分配公平感知主要受顾客自身的卷入度、合作伙伴的能力水平和给予顾客的承诺水平所驱动。此时，当 SC 平台选择根据提成分配，且合作伙伴兼容性高，顾客在平台内进行"体验产品"的知识分享为辅助条件存在时；它们可以共同促进顾客实现高水平的利益分配公平感知。基于此，本书将这一组态命名为"顾客高重视—伙伴高能力、低承诺—利益分配辅用提成"。

而组态 7（INV×CAP×～COMP×COMM×PRO×BDR）表明，虽然顾客十分重视自己在 SC 平台中的知识转移活动，但是他认为同自己合作的平台和商家与自己的目标等一致性不高，即兼容性较低。此时，虽然合作伙伴的高能力和高承诺水平作为辅助条件可以对其进行弥补。但是，SC 平台仍需采用偏向提成规则分配利益为辅助条件，以缓解各方之间的兼容性低而带来的负面影响。由此，共同促进顾客实现高水平的利益分配公平感知。基于此，本书将这一组态命名为"顾客高重视—伙伴低兼容—利益分配辅用提成"。

二、横向对比结果

通过组态对比可以发现：第一，当顾客个体特征的卷入度作为核心条件存在时，其合作伙伴的能力均已存在出现，对顾客的利益分配公平感知起着积极的作用。这说明，当顾客卷入度较高时，他们会十分重视此次的知识转移活动，以求能为平台内的其他用户带来更加精准、有用的产品知识，且在做出与该活动相关的决策时，会进行更加仔细的思考。此时，高能力的合作伙伴可以给予高卷入度的顾客更多的支持和保障，如 SC 平台可以为顾客提供良好的社区氛围和后台技术支持，合作商家可以为顾客提供高品质的产品。在该种情形下，顾客和其合作伙伴共同努力，可以有效地促进顾客实现高水平的利益分配公平感知。

第二，当伙伴合作特征中的"能力、兼容性和承诺"三个条件，至少有两个得到满足时，便会促使顾客实现高水平的利益分配公平感知。除了组态 2 外，其他路径均是满足两个条件存在，一个条件缺失。说明"能力、兼容性和承诺"在一定程度上具有可替代性，两个条件的存在可以减弱由于某一条件不足给顾客知识转移活动带来的不利影响，进而使顾客拥有相对稳定、可靠的合作关系，促使合作高效完成，进而提高顾客的利益分配公平感知。

第三，顾客知识转移的知识类型为"体验产品"对高水平的顾客利益分配公平感知起到了重要作用。除了组态 1 和组态 2 外，在其余组态路径中，"体验产品"条件均为存在。当体验产品为核心条件时，可以发现，顾客自身的卷入度和顾客合作伙伴的能力均以辅助条件存在。说明当顾客知识转移的产品为体验产品时，由于体验产品具有较强的不确定性和主观性，且知识转移难度较高。所以只有当顾客经过亲身实践后，才能对体验产品有一个比较清晰的认知。故而顾客在 SC 平台中转移"体验产品"知识时，事先需要投入更多时间和精力事先去了解该产品内容。此时，顾客会十分重视该项活动，并对 SC 顾客知识转移活动的卷入度便较高。另外，能力水平高的合作商家和 SC 平台也可以为顾客提供高品质的"体验产品"和平台的技术支撑。由此，各个条件相互作用，共同促进了顾客实现高水平的利益分配公平感知。

第四，信息不对称水平对顾客利益分配公平感知具有双面性。组态 1 作为核心条件缺失，此时，顾客认为平台和商家能力较低、SC 平台采用偏向提成分配规则为核心条件存在。这说明信息对称可以抵消伙伴能力低为顾客带来的负面影响，进而促使顾客实现高水平的利益分配公平感知。在组态 6a 中，信息不对称作为辅助条件存在，此时，体验产品为核心条件存在，而顾客卷入度、合作伙伴的能力和承诺为辅助条件存在时，它们共同促进了顾客实现高水平的利益分配公平感知。这说明信息不对称并不独立影响顾客的利益分配公平感知，它同其他条件相互作用共同促进顾客实现高水平的利益分配公平感知。

第五，SC 平台采用偏向根据顾客知识转移成果的提成规则分配利益时，更能促进顾客实现高水平的利益分配公平感知。可以发现，当以这种规则为核心条件时，顾客同合作伙伴之间的兼容性均作为辅助条件存在，共同促进了顾客高水平的利益分配公平感知实现。由于提成的分配规则设定需要商家根据顾客知识转移活动后的所得利益，并按照一定的比例，进行各方之间的利益分配工作。相比固定分配规则，按照偏向提成分配的规则需要根据顾客知识转移活动结束后的所得利益，按照一定的比例，进行此次活动的利益分配。这一过程不仅能够体现出 SC 平台、合作商家和顾客之间的交流与合作，同时，这种分配规则也实现了各方之间的风险共担和利益共享。此时，只有 SC 平台、合作商家和顾客之间的兼容匹配程度高时，顾客才能清楚地了解自己同平台和商家在目标、理念等方面的观念一致程度，更容易认清自己在知识转移后同合作伙伴进行沟通时是否会被公平对待，并获得自己应得的合理报酬，进而促使顾客实现高水平的利益分配公平感知。

三、创新点

（1）本书以 SC 顾客知识转移为背景，探索了顾客利益分配公平感知的影响因素。已有关于知识联盟、产学研联盟和动态联盟等企业间联盟利益分配公平感知的研究主要从各合作企业的投入、风险、贡献、努力等与利益形成有关的要素进行分析，对于企业来说，上述要素相对易于量化。而本书在识别顾客视角下 SC 顾客知识转移利益分配公平感知影响因素时，由于合作主体尤其是顾客的投入、贡献等要素难以量化，故本书从 SC 顾客知识转移的利益形成和利益分配两个阶段出发，重点考虑了易被量化的合作主体自身特征、转移知识的内容特征、主体间信息掌握程度以及利益分配规则等情境和规则要素。由此，本书构建的顾客视角下 SC 顾客知识转移利益分配公平感知影响因素的理论框架不仅可以为难以量化合作各方投入贡献的利益分配情境提供新的解决方案，而且也为利益分配公平感知影响因素研究拓宽了思路。

（2）从组态视角出发，构建了顾客视角下 SC 顾客知识转移利益分配公平感知前因组态的理论模型，并发现了能够驱动顾客高水平利益分配公平感知的七个组态结果。根据研究发现，以往多是单个独立因素对利益分配公平感知的相关性影响，较少考虑不同前因间的交互作用对利益分配公平感知的影响。本书以构建的理论框架为基础，从卷入度、伙伴的合作特征（能力、兼容性、承诺）、产品类型、信息不对称水平和利益分配规则七个因素得到本书的研究模型。运用 fsQCA 方法得出不同前因间的交互作用所形成的七种导致顾客高水平的利益分配公平感知组态，体现了促进顾客视角下 SC 顾客知识转移利益分配公平感知的组态是多方面的，不仅丰富了关于利益分配公平感知的研究，也为 SC 平台、入驻商家更好地与顾客完成合作的目标指明了方向。

四、管理启示

基于本书的研究结论，SC 平台和商家如果想要顾客达到高水平的利益分配公平感知，SC 平台、入驻商家和顾客需要考虑以下几个方面：

（1）从 SC 平台角度看。首先，由于目前各 SC 平台为了使利益分配更加公平合理，促进顾客知识转移能够实现良性循环，各平台应该进一步优化平台已有的利益分配规则，根据环境变化，有针对性地设计顾客知识转移的利益分配规则，使顾客在平台内进行顾客知识转移时，都能够获得应得的利益回报，并产生高水平的利益分配公平感知。

其次，SC 平台作为顾客的合作伙伴还应该有针对性地完善自身平台的能力、同顾客之间的兼容性和给予顾客的承诺水平。由上述研究的组态结果可以发现，这三种合作伙伴特征之间具有一定的替代关系，三者中至少有两个方面的条件得到满足时，均能引发顾客高水平的利益分配公平感知。

最后，SC 平台在同顾客合作之前，为顾客提供的信息情况，可以根据具体的情况进行具体分析。故平台应该从这几个角度出发，为顾客营造一个良好的社区氛围，让顾客愿意在平台内完成顾客知识转移，并得到应有的利益回报。

（2）从入驻商家角度看。首先，根据组态结果，顾客分享体验产品时，更能获得高水平的利益分配公平感知，故入驻商家要保证好自己产品的质量，可以与 SC 平台内的顾客进行长期的关于体验产品的合作。

另外，同 SC 平台一样，入驻商家也是顾客在平台内进行顾客知识转移活动的重要合作伙伴之一。故入驻商家也要增强自身的能力、同顾客之间的兼容性、承诺水平，当三者满足两个条件时，便可以提高顾客的利益分配公平感知程度，进而为同顾客实现长久合作打下坚实的基础。

（3）从顾客角度来看，顾客可以根据自身卷入度、对合作伙伴的信息掌握程度选择与之相匹配的合作平台和商家，并对合适的产品进行顾客知识转移，以使自身的投入和承担的风险在顾客知识转移过程中能够得到有效保障，更好地提升自身对利益分配结果的公平感知程度。

另外，顾客可以争取同高能力的合作平台和商家进行合作，这样不仅可以获得高水平的平台技术支持和高品质的产品保障，还可以从合作中提升自己的价值，获得更多的非经济利益，从而提升自己的利益分配公平感知。

第二节　研究不足与展望

本书的研究还存在一定的局限，在未来的研究中可以进一步地完善：

（1）在数据收集方面有待于进一步的拓展。本书根据 fsQCA 方法的案例选择原则，选出了小红书、抖音直播和知乎三个知识类的 SC 平台。虽然这三个平台是当前具有代表性和示范性的，但是未来研究还可以继续加入更多平台来进行探索，如淘宝直播、bilibili 等，以更好地分析并对比出不同平台之间，顾客的利益分配公平感知程度是否存在区别和差异，这是本书的研究局限之一。

（2）还可以从 SC 平台和商家视角进行探索。为了促进顾客积极参与 SC 顾客知识转移活动，本书主要从顾客视角出发，为 SC 平台和商家如何提高顾客的利益分配公平感知提出建议和启示。未来研究可以探索 SC 平台和商家的利益分配公平感知受哪些因素影响，以便更全面地分析得出，满足哪些条件才能使三个主体均实现高水平的利益分配公平感知，这是本书的研究局限之二。

参考文献

［1］ Antoncic B, Prodan I. Alliances, corporate technological entrepreneurship and firm performance: Testing a model on manufacturing firms ［J］. Technovation 2008, 28: 257-265.

［2］ Blackshaw P, Nazzaro M. Consumer-Generated Media (CGM) 101 Word-of-Mouth in the Age of Web-Fortified Consumer ［C］. 2006.

［3］ Brown J R, Cobb A T, Lusch R F. The roles played by interorganizational contracts and justice in marketing channel relationships ［J］. Journal of Business Research, 2006, 59: 166-175.

［4］ Colquitt, Jason A. On the dimensionality of organizational justice: A construct validation of a measure ［J］. Journal of Applied Psychology, 2001, 86: 386-400.

［5］ Edquist C. Systems of innovation approaches-their emergence and characteristics ［J］. Systems of Innovation: Technologies, Institutions and Organizations, 1997, 1989: 1-35.

［6］ Fiss P C. Building better causal theories: A fuzzy set approach to typologies in organization research ［J］. Academy of Management Journal, 2011, 54: 393-420.

［7］ Gigerenzer G, Brighton H. Homo heuristicus: Why biased minds make better inferences ［J］. Topics in Cognitive Science, 2009, 1: 107-143.

［8］ Glaister K W, Husan R, Buckley P J. Decision-making autonomy in UK international equity joint ventures [J] . British Journal of Management, 2003, 14: 305-322.

[9] Huang M C, Hsiung H H, Lu T C. Reexamining the relationship between control mechanisms and international joint venture performance: The mediating roles of perceived value gap and information asymmetry [J] . Asia Pacific Management Review, 2015, 20: 32-43.

[10] Kwon Y C. Antecedents and consequences of international joint venture partnerships: A social exchange perspective [J] . International Business Review, 2008, 17: 559-573.

[11] Lee J, Lee J N, Shin H. The long tail or the short tail: The category-specific impact of eWOM on sales distribution [J] . Decision Support Systems, 2011, 51: 466-479.

[12] Lerner, Melvin J. The justice motive: "Equity" and "parity" among children [J] . Journal of Personality and Social Psychology, 1974, 29: 539-550.

[13] Leventhal G S. The Distribution of rewards and resources in groups and organizations-science direct [J] . Advances in Experimental Social Psychology, 1976, 9: 91-131.

[14] Liang T P, Turban E. Introduction to the special issue social commerce: A research framework for social commerce [J] . International Journal of Electronic Commerce, 2011, 16 (2): 5-14.

[15] Liebermann Y, Flint-Goor A. Message strategy by product-class type: A matching model [J] . International Journal of Research in Marketing, 1996, 13: 237-249.

[16] Lorange P, Roos J. Strategic alliances: Formation, implementation, and evolution [M] . Blackwell, 1993.

[17] Mahajan S V. The effect of reward structures on the performance of cross-functional product development teams [J] . Journal of Marketing, 2001, 65: 35-53.

[18] Marx A, Dusa A. Crisp-set qualitative comparative analysis (csQCA),

contradictions and consistency benchmarks for model specification [J]. Methodological Innovations Online, 2011, 6: 97-142.

[19] Morgan R M, Hunt S D. The commitment-trust theory of relationship marketing [J] . Journal of Marketing, 1994, 58: 20-38.

[20] Nelson P. Information and consumer behavior [J] . Journal of Political Economy, 1970, 78: 311-329.

[21] Pappas I O, Woodside A G. Fuzzy-set qualitative comparative analysis (fsQCA): Guidelines for research practice in information systems and marketing [J] . International Journal of Information Management, 2021, 58 (3): 102310.

[22] Petty R E, Cacioppo J T, David S. Central and peripheral routes to advertising effectiveness: The moderating role of involvement [J] . Journal of Consumer Research, 1983, 10: 135-146.

[23] Ragin C. Redesigning social inquiry: Fuzzy sets and beyond [M]. University of Chicago Press, 2008.

[24] Ragin C C. Set relations in social research: Evaluating their consistency and coverage [J] . Political Analysis, 2006, 14: 291-310.

[25] Rihoux B, Ragin C C. Configurational comparative methods: Qualitative comparative analysis (QCA) and related techniques [M] . Sage Publications, 2008.

[26] Schneider C Q, Wagemann C. Set-theoretic methods for the social sciences: A guide to qualitative comparative analysis [M] . Cambridge University Press, 2012.

[27] Stigler G J. The economics of information [J] . Journal of Political Economy, 1961, 69: 213-225.

[28] Thomas G, Santi F, Fiss P C, et al. Studying configurations with qualitative comparative analysis: Best practices in strategy and organization research [J] . Strategic Organization, 2018, 16 (4): 482-495.

[29] Wagemann C, Buche J, Siewert M B. QCA and business research: Work

in progress or a consolidated agenda？［J］．Journal of Business Research，2016，69：2531-2540.

［30］Yadong，Luo. The independent and interactive roles of procedural，distributive，and interactional justice in strategic alliances［J］．Academy of Management Journal，2007，50（3）：644-664.

［31］Zaichkowsky J L. Measuring the Involvement Construct［J］．Journal of Consumer Research，1985，12：341-352.

［32］Zhenhui Jiang J C，Bernard C Y Tan，Chua W S. Effects of interactivity on website involvement and purchase intention［J］．Journal of the Association for Information Systems，2010，11：34-59.

［33］杜运周，贾良定．组态视角与定性比较分析（QCA）：管理学研究的一条新道路［J］．管理世界，2017（6）：155-167.

［34］贾殿村，汪波．信息不对称下跨国公司R&D联盟的风险防范［J］．科学管理研究，2004（1）：58-61.

［35］鞠彦辉，何毅．社会化商务模式研究［J］．现代情报，2012，32（11）：6-9.

［36］李琪，高夏媛，徐晓瑜等．电商直播观众的信息处理及购买意愿研究［J］．管理学报，2021，18：895-903.

［37］刘亚，龙立荣，李晔．组织公平感对组织效果变量的影响［J］．管理世界，2003（3）：126-132.

［38］穆喜产，宋素玲，吴云燕等．顾客联盟的利益分配问题研究［J］．软科学，2009，22（1）：127-131.

［39］裴嘉良，刘善仕，钟楚燕等．AI算法决策能提高员工的程序公平感知吗？［J］．外国经济与管理，2021，43（11）：41-55.

［40］孙永波，丁沂昕，胡晓鹃．母子公司战略一致性的路径及实现机制——基于相互依赖关系视角［J］．管理工程学报，2021，35（2）：1-11.

［41］王林，何玉锋，杨勇等．基于fsQCA的跨境电商品牌依恋促进与抑制

因素案例研究 [J] . 管理评论, 2020, 32: 320-332.

[42] 吴松强, 赵顺龙. 核心企业技术联盟伙伴选择灰色聚类分析——基于核心能力的视角 [J] . 科技管理研究, 2009, 29 (8): 128-130+143.

[43] 姚升保. 产业技术创新联盟伙伴选择的模糊组合决策方法 [J] . 科技管理研究, 2017, 37 (1): 194-200.

[44] 袁磊. 战略联盟合作伙伴的选择分析 [J] . 中国软科学, 2001 (9): 54-58.

[45] 张明, 杜运周. 组织与管理研究中 QCA 方法的应用: 定位、策略和方向 [J] . 管理学报, 2019, 16 (9): 1312-1323.

[46] 张明, 蓝海林, 陈伟宏等. 殊途同归不同效: 战略变革前因组态及其绩效研究 [J] . 管理世界, 2020, 36: 168-186.

[47] 张艳辉, 李宗伟, 赵诣成. 基于淘宝网评论数据的信息质量对在线评论有用性的影响 [J] . 管理学报, 2017, 14: 77-85.

[48] 赵海霞. 团队薪酬分配规则与分配公平感 [J] . 科技管理研究, 2011, 31 (14): 149-153.

[49] 朱代琼, 王国华. 突发事件中网民社会情绪产生的影响因素及机理——基于三元交互决定论的多个案定性比较分析 (QCA) [J] . 情报杂志, 2020, 39 (3): 95-104.

附录 A

平台	成立时间	受众人群	平台内容	平台激励/分配方式
小红书	2013 年	小红书活跃用户呈年轻化趋势，18~34 岁用户占比 83.31%；以女性用户为主，占比 90.41%，男性占比 9.59%	1. 美妆 2. 母婴 3. 美食 4. 家居	（1）粉丝数据：目前小红书 KOL 的种草笔记报价一般在粉丝数量的 1%~10%，例如，1 万粉丝报价一般浮动在 100~1000； （2）笔记数据：品牌方可以从达人单篇笔记的阅读数、点赞数、收藏数以及评论数等取平均值与中间值比较作为参考。例如，某达人 50 万粉丝，近 3 月发布 60 篇笔记，平均数：点赞 5000，收藏 2000，评论 2000；中位数：点赞 7000，收藏 3000，评论 4000，这说明达人笔记较为稳定，投放起来 ROI 较为稳定，且较大概率出爆文； （3）内容领域：内容领域垂直度，也会影响 KOL 报价。可以从笔记分类、达人标签、粉丝画像进行判断。例如，某时尚达人，以往笔记中，穿搭占比 50%，彩妆占比 25%，护肤占比 25%，且粉丝 90% 为女性，达人标签也是这三个，内容领域垂直度非常高，而内容领域垂直度越高，价格浮动越高； （4）调性契合、真实分享：除了一些达人的"硬性条件"影响价格之外，达人自身笔记风格也很影响价格，如有自己的人设，有自己的笔记风格，或者视频、vlog 等新颖的形式。品牌方在这些达人上面投放广告的时候，最好尽量以达人以往的风格进行推广，不要一味地让 KOL 直接宣传产品卖点、胡编乱造，这样反而引起粉丝反感，效果不佳①

---

① https：//blog. csdn. net/weixin_33514163/article/details/111989521.

续表

平台	成立时间	受众人群	平台内容	平台激励/分配方式
抖音直播	2016年	20～29岁占比60%左右，男性用户居多，其中占比80%，女性用户占比20%	通过虚拟现场的实施过程，其他用户可以通过观看KOL主播的直播内容，了解更多有用的知识，还可以通过直播橱窗直接进行商品购买，完成交易活动	（1）纯佣金（Cost Per Sale，CPS），是以实际销售产品数量，来换算广告刊登金额，按销售付费—按销售分成。简单点说，就是你帮助商家销售产品，赚取一定比例的佣金； （2）坑位费+CPS：想让网红主播帮商家带货，那么商家就会支付给达人带货商品的费用，也就是我们常说的坑位费。坑位费与主播的知名度成正比。比如，2020年4月1日，罗永浩首次抖音直播，每个坑位费60万元，坑位费收入1500万元。直播后，再根据用户点击产生的实际销售数量收取佣金。这种就比较适合有稳定带货能力，或者流量级别足够高的明星或达人； （3）连麦引流：变现模式主要是连麦给直播间引流+配合砍价。整个砍价过程会让用户切实地感受到商品的优惠力度和性价比，从而刺激粉丝下单。这种方式特别适合达人流量能力极强，且粉丝忠诚度极高的主播①
知乎	2011年	20～29岁用户占比75%，男性用户多于女性用户，其中男性占比70%，女性用户占比30%	知乎是综合性，在诸多领域具有关键影响力的知识分享社区	（1）好物推荐：这是知乎推出的一个电商变现的渠道，用户达到4级便可以申请好物推荐权限了； （2）付费咨询：当知乎盐值②超过500的时候，可以在知乎App页面开通付费咨询了； （3）知乎LIVE：当用户中心等级到达LV6的时候，系统就会帮助用户开通知乎LIVE的权限，用户可以创建属于你自己的知乎LIVE，分享用户自己所属领域的专业知识。当有人付费购买的时候，就可以获得一定比例的分成③

---

① https://www.opp2.com/205559.html.

② 知乎社区将所有用户在知乎所产生的认真、专业的分享，看作知识海洋析出来的智慧之盐，盐值就是你在知乎这片盐海里面的价值。盐值最终呈现的形式是分数，0～1000分，不同的分段有不同的权利和待遇，而且还会直接影响到内容推荐系统（答案排名和流通）和账号赋权系统（账号权重）。在以后的知乎中，高盐值的用户，账号出了问题知乎会优先帮你解决，可以参与知乎社区的建设和管理，一个反对就可能把别人的问题折叠，你的赞同可以大幅度影响答案排名。知乎盐值可以在App个人信息页面看到。

③ https://www.zhihu.com/question/67008546.

附录 B

正式问卷

问卷编号：＿＿＿＿＿＿＿＿

SC 中顾客知识转移利益分配公平感知前因组态——顾客视角的

调查问卷填写说明

尊敬的老师/同学：

您好！我是××××2019 级工商管理专业的一名在读硕士生，正在做关于顾客视角下 SC 顾客知识转移的利益分配公平感知的前因组态研究的调研。此次调查是匿名的，不涉及个人隐私，调研结果仅用于科学研究，不会用于商业用途。整个问卷回答时间不超过 5 分钟，感谢您的帮助。

有关名词解释如下：

（1）SC 是基于电子商务衍生出的一种新的商务模式，包含了四大类型：拼团类（拼多多、京东拼购）、会员分销类（贝店、云集）、内容类（小红书、抖音电商等）、社区团购类（美团优选等）、直播类（抖音直播、快手直播）。本问卷主要针对内容类和直播类 SC 平台展开研究。

（2）顾客知识转移可以理解为：顾客将自身知识通过一定的方法转化为可以描述和表达的显性内容，通过具有开放性的转移渠道将知识转移给其他顾客，从而使得知识受体能够按需学习、理解和接受，并能够在日后某一时刻能够运用、创新的过程。

（3）固定等级分配规则：通过考虑 SC 平台内的顾客过去的知识转移效果，确定顾客同平台和商家进行合作推广活动时所得的利益结果。

提成规则：商家根据顾客知识转移活动结束后，根据所得利益，按照一定的比例，完成此次活动的利益分配。

混合分配规则是指将固定等级分配与提成相结合的一种模式。在抖音直播平台中，顾客通过直播进行知识转移时，有的商家会支付给该顾客带货商品的费用，即坑位费。

（4）搜索产品：有关产品的主要特征信息在购买和使用之前通过搜索就能获得的产品，如电脑、手机等电子产品；体验产品是消费者必须在购买和使用之后才能判断质量特征的产品，往往具有主观性和不确定性，如香水、攻略信息等。

（5）利益分配公平感知：顾客将自己在合作中所得的实际结果与他认为自己应得的结果进行比较，当实际所得结果与自己的期望相符合时，利益分配公平感得以存在。

请您根据自己的实际情况或者真实的感受在相应的选项中打"√"。选择某一项并没有绝对的标准，完全取决于您自己的感觉和主观判断。

1. 您主要在哪个内容类 SC 平台中做内容分享？

〇小红书

〇抖音直播

〇知乎

2. 该平台根据哪一种利益分配规则给予您报酬？

〇提成规则

〇固定分配规则

〇混合模式规则

3. 您在该平台中主要对哪类产品进行内容分享？

○鞋子（搜索产品）

○衣服（搜索产品）

○护肤品（体验产品）

○信息知识（体验产品）

4. 请根据自身的情况，针对您在平台中分享内容的卷入程度，回答以下问题并进行打分，1 表示非常不同意，2 表示不同意，3 表示无法确定，4 表示同意，5 表示非常同意，即从 1 到 5 同意的程度逐渐加深。

序号	问题	非常不同意 → 非常同意 1 → 5				
1	在 SC 平台上，我认为我向用户转移产品知识时我是重要的	1	2	3	4	5
2	在 SC 平台上，我认为我向用户转移的产品知识与我是相关的	1	2	3	4	5
3	在 SC 平台上，我认为我向用户转移的产品知识是有价值的	1	2	3	4	5
4	在 SC 平台上，我认为我向用户转移产品知识时是被需要的	1	2	3	4	5
5	在 SC 平台上，我认为我向用户转移的产品知识是有意义的	1	2	3	4	5
6	在 SC 平台上，我对向用户转移的产品知识是很感兴趣的	1	2	3	4	5
7	在 SC 平台上，我认为我向用户转移的产品知识是很有吸引力的	1	2	3	4	5
8	在 SC 平台上，我认为我向用户转移产品知识时会感到很兴奋	1	2	3	4	5
9	在 SC 平台上，我认为我向用户转移产品知识时是有感情投入的	1	2	3	4	5
10	在 SC 平台上，我认为我很喜欢我向用户转移的产品知识内容	1	2	3	4	5

5. 针对与您产生合作的平台和商家的特征情况，回答以下问题并进行打分，1 表示非常不同意，2 表示不同意，3 表示无法确定，4 表示同意，5 表示非常同意，即从 1 到 5 同意的程度逐渐加深。

序号	问题	非常不同意 → 非常同意 1 → 5				
11	在 SC 顾客知识转移活动中，与我合作的 SC 平台和商家在同行业中处于领先地位	1	2	3	4	5
12	在 SC 顾客知识转移活动中，与我合作的 SC 平台和商家准备投入的经费和人员多	1	2	3	4	5

续表

序号	问题	非常不同意 → 非常同意 1 → 5				
13	在 SC 顾客知识转移活动中，与我合作的 SC 平台和商家具有较强的新技术学习能力	1	2	3	4	5
14	在 SC 顾客知识转移活动中，与我合作的 SC 平台和商家的目标同我相匹配	1	2	3	4	5
15	在 SC 顾客知识转移活动中，与我合作的 SC 平台和商家的企业文化和价值观同我相匹配	1	2	3	4	5
16	在 SC 顾客知识转移活动中，与我合作的 SC 平台和商家能同我和睦相处，从而获得一个融洽的合作关系	1	2	3	4	5
17	在 SC 顾客知识转移活动中，与我合作的 SC 平台和商家同我之间的关系不会因短期利益而轻易改变	1	2	3	4	5
18	在 SC 顾客知识转移活动中，与我合作的 SC 平台和商家非常重视和我的合作关系	1	2	3	4	5
19	在 SC 顾客知识转移活动中，与我合作的 SC 平台和商家打算和我继续合作下去	1	2	3	4	5

6. 请根据自身的情况，针对您同合作平台和商家之间的信息不对称情况，回答以下问题并进行打分，1 表示非常不同意，2 表示不同意，3 表示无法确定，4 表示同意，5 表示非常同意，即从 1 到 5 同意的程度逐渐加深。

序号	问题	非常不同意 → 非常同意 1 → 5				
20	在 SC 顾客知识转移活动中，我认为我拥有关于与我合作的 SC 平台和合作商家足够的信息	1	2	3	4	5
21	在 SC 顾客知识转移活动中，我认为我拥有关于与我合作的 SC 平台和合作商家决策信息变化的渠道	1	2	3	4	5
22	在 SC 顾客知识转移活动中，我认为我为促进与我合作的 SC 平台和合作商家相互理解做出了许多努力	1	2	3	4	5

7. 请根据自身的情况，对平台和商家给予您的奖励报酬，回答以下问题并进行打分，1 表示非常不同意，2 表示不同意，3 表示无法确定，4 表示同意，5

表示非常同意，即从 1 到 5 同意的程度逐渐加深。

序号	问题	非常不同意 → 非常同意 1 → 5				
23	我认为，我所得的奖励很好地反映了我为 SC 顾客知识转移活动所做出的贡献成果	1	2	3	4	5
24	我认为，我所得的奖励很好地反映了我为 SC 顾客知识转移活动所做的努力程度	1	2	3	4	5
25	我认为，就我在 SC 顾客知识转移活动中的表现而言，我所得的奖励是公平的	1	2	3	4	5
26	我认为，就我在 SC 顾客知识转移活动中的工作量而言，我所得的奖励是公平的	1	2	3	4	5

基本信息

1. 您的性别：

○男　　○女

2. 您的年龄：

○小于 21 岁　○21～29 岁　○30～39 岁　○40～49 岁　○50～59 岁　○60 岁及以上

问卷调查到此结束，非常感谢您的参与！

SC-CKT利益分配模式与方法

第七章　引言

第一节　社会化电子商务企业

目前关于社会化电子商务企业的说法并没有准确的定义（陶晓波等，2015），但是根据学者对电子商务企业的界定可知（沈璐等，2016），SC 企业是以 SC 为主营业务，将传统的网上商店和社会化媒体进行深度融合，以网上电子交易的方式实现盈利目的的经济组织。根据这一界定，如果企业的经营业务中包括的业务类型较多，如北京京东世纪贸易有限公司（以下简称京东），除电商零售板块外，还包含物流、数科、金融等板块，且各板块都具有高占比，那么此类企业更像是一种综合性质的企业，不能将其归类为 SC 企业。该类组织具有个性化、社交性、推荐性等特征，企业能够基于顾客需求、偏好、个人资料等为其量身推荐和定制内容（杨学成等，2015），顾客能够轻易并且乐意地与他人分享其购物体验并进行互动（邱丹青等，2014），并通过分享经验和交流信息等方式来促进线上购买活动（Hsiao 等，2010）。2021 年中国 SC 市场规模预计达 5.8 万亿元，同比增长 45%，已成为中国网络零售市场重要增长极。

第二节 基于顾客知识转移的利益分配模式及存在问题

SC 企业是以 SC 为主营业务的经济组织,以企业建立的双边平台为载体,顾客、商家与平台形成三方合作,促进顾客知识转移(Customer Knowledge Transfer, CKT)的进行。一方面,对于企业而言,涉及非社会化商务企业顾客知识转移(SC-CKT)的收益与成本以及复杂的利益分配的环境,因此仅考虑一次 SC-CKT 的投入与产出能够简化利益分配的过程。另一方面,由于知识分享型产生了价值增值,相比信息分享型更需要将增值的价值进行合理的利益分配。因此本书侧重研究知识分享型 SC 企业中顾客、商家及平台三个主体一次知识转移的利益分配。

在知识分享型 SC 企业中,顾客、商家和平台都参与了 SC-CKT 的过程,并促进其利益产生。发布知识的顾客(以下简称博主)作为知识转移的发起者和创作者,生产较高质量的知识内容,将隐性知识显性化(高长春等,2019)。进而,能够为受众提供所需要的知识内容,影响其购买决策,帮助商家传播和销售产品(卢俊义等,2011)。商家作为产品或品牌的提供者,为博主的知识转移提供产品品牌及相关信息。平台是知识转移活动的环境建立和维护者,也是转移过程的监督者(李钢等,2019),即提供了一个 SC-CKT 的载体,保障了各主体的顺利合作。在整个 SC-CKT 的过程中,不仅能够产生销售带来的产品利润,还能够为各主体的影响力带来增值。

目前,在知识分享型 SC 平台中,存在三种常见的利益分配模式:固定等级分配模式、提成模式和混合模式。三种模式存在共同点,都以商家产品利润,即经济利益作为整个合作后的总利益。由于 SC-CKT 是商家寻求平台和博主的服务,因此,利益分配往往是商家分别给予平台和博主一定程度的费用,而剩余部分则由商家自身所有。而固定等级分配模式、提成模式和混合模式的不同之处在于考虑的要素不同，固定等级分配模式考虑的是参与者的特征，而提成模式和混合模式参考的是 SC-CKT 的效果。例如，小红书采用固定等级分配模式①，将某一类评价指标的等级作为利益分配的标准。商家给予博主的费用是通过考虑粉丝量、赞藏量等因素确定，给予平台的费用是通过平台在行业的发展状况，平台体量以及平台转化率等因素确定；蘑菇街一般采用提成模式，该模式下商家根据获得的经济效益按照一定比例支付给平台和博主，又被行业中称为"纯佣金模式"；抖音直播采用混合模式，即三方参与者在合作展开之前，先由商家支付给平台和博主一定的金额，然后再按照提成支付的模式支付给双方其余的费用，是一种将固定薪酬与提成支付相结合的模式。

上述利益分配模式实际运用的过程中可能会导致各利益相关者分配不合理的问题。对于博主而言，一方面，存在发布知识的效果不及预期，导致商家受损的情况。另一方面，存在发布知识效果超出预期，自身收益却没有提高的情况。如2021 年，"乐歌"通过与 B 站博主"老师好我叫何同学"合作，对其旗下的一款产品进行推广。推广视频发布后，带来了极大的带货效应，同时第二天的公司股价开盘大涨 13.51%，让股价一下增长 5 亿元。据悉何同学的收益不到 300 万元，但据沣京资本的基金经理表示，何同学的收益小于推广效果。对于商家而言，存在各平台头部博主对商家利益进行压榨至亏损的现象。如 2020 年双十一期间，"爱妃水果"登上了直播间，销量不错。但据"爱妃水果"负责人田敏表示，"虽然直播带来的销量很高，但每卖出 40 万元，我们会亏损 10 万元"。

结合以上案例，目前利益分配模式主要存在以下问题：第一，各主体分配的收益无法体现价值。仅仅依赖事前要素决策收益，而不考虑知识转移后产生的效果，后期可能会存在利益纠纷的隐患。第二，容易导致短期行为，不利于行业持续发展。从"爱妃水果"的案例来看，由于头部博主极强的供应链整合能力和

---

① 在小红书平台首页搜索"博主推广报价""博主分红"等关键词，最终筛选出极具代表性的 10 篇博文。有 9 篇表示，商家给出的推广报价时要考虑博主的粉丝量，且报价在粉丝量的 10% 左右；3 篇描述除了考虑粉丝量以外，还要考虑"赞藏量"，即博主近期发布博文的点赞和收藏量；3 篇指出在粉丝量的基础上，还要考虑博文的内容形式，即图文、短视频还是直播形式。除了以上提及的要素外，博主们还提到"粉丝黏性""所属领域：综合领域或垂直领域"等。

讨价还价能力，往往让商家的产品利益达到亏损的状态，以此实现销售量的提升。这种在商家亏损的基础上，让利消费者的畸形模式，是合作各方的短期行为，并不能在该行业长久持续。第三，各主体未考虑集体利益。SC-CKT 是一个多方合作的过程，但现有利益分配模式追求的是独立的个体利益最大化，而不是整体的效益最优。第四，各主体话语权存在偏差。上文提到现有的三种利益分配模式都采用的是单方出价方式，即强势一方出具一种规则。强势一方作为决策主导者往往会压榨弱势者的利益，进而产生不合理的利益分配。

第三节　SC 企业顾客知识转移的利益分配特点

SC-CKT 实际上是一个多方合作的过程，但相较一般的多方合作而言，具有一些不同的特征。第一，参与主体之间存在弱契约关系。顾客是在企业边界之外的参与者，只是参与了成熟产品的推广阶段，对产品进行解释、分享来实现销售和营销目的，而没有涉及产品的设计、研究等阶段。由于顾客的参与，顾客、商家以及平台在合作的过程中只是一种弱契约关系，既存在各主体之间没有签订契约的合作，也存在签订契约以达到一定的约束目的的合作。第二，参与主体投入与产出的模糊性。SC-CKT 的投入与产出，不仅涉及经济形式，还包含非经济形式，由于非经济形式的投入与产出没有确切的衡量标准，因此都具备一定的模糊性。从投入来看，无论是博主对顾客的影响力，还是顾客对商家和平台的信任，都是在合作之前非经济形式的投入；从产出来看，由于社交带来的社会效益，如博主影响力增值、品牌增值和平台增值等都是合作之后非经济利益的产出。

目前，关于多方合作利益分配的研究对象集中于"供应链联盟""动态联盟"等"企业联盟"，这类联盟是一种强契约合作关系，投入和产出也只涉及经济形式，这也就导致了多方合作利益分配应用到 SC-CKT 的局限性。如吕萍等（2012）研究了供应链联盟中总承包商和分包商的总承包价和奖金的分配问题。戴建华等（2004）研究了动态联盟中联盟伙伴的经济利益分配。付秋芳等

（2015）研究了供应链联盟的利润额的分配问题。孙耀吾等（2014）研究了供应链联盟中高技术服务创新网络的利益分配机理，虽然提出了联盟中存在的非经济利益，但并未展开讨论，也未提出对应的测量方式和分配办法。从以上研究来看，其研究对象集中在强契约关系下合作联盟，同时分配的利益也主要是经济利益，因此，由于 SC-CKT 的弱契约关系和投入产出的模糊性，多方合作下的利益分配研究并不能直接采用。

现有利益分配模式的问题、多方合作利益分配的不适用性，使得构建合理的 SC-CKT 利益分配模式是促进各参与者顺利合作的关键问题（穆喜产等，2009）。因此，本书以 SC-CKT 的特征作为出发点，从企业发展阶段和知识显性化的难易程度两位维度展开，建立四种不同的 SC-CKT 情景，分析各情景下的 SC-CKT 特征，设计不同的利益分配模式和方法。企业发展阶段在一定程度上决定了 SC-CKT 合作是否能够产生非经济利益，即投入与产出是否存在模糊性；知识显性化的难易程度在一定程度上决定了各主体的地位是否趋同，进而选择适合的利益分配办法。

基于此，本书试图分析不同 SC-CKT 情境下的特征表现，探索各情境下合理和适用的利益分配模式及方法。研究结果不仅能够促进 SC-CKT 行为及合理的利益分配模式，同时也对该类企业的管理实践具有一定指导意义。

第八章　SC-CKT 的利益分配模式构建

SC-CKT 的本质是社交，通过社交互动实现产品的销售和营销目的，这个过程中不仅涉及经济形式的产出，如产品销售利润；也会包含非经济形式的收益，如各主体声誉的提升。学者们认为经济利益与非经济利益对于各主体和社会而言都是不可或缺的。亚当·斯密在《道德情操论》中指出，人是"社会人"，不仅追求经济利益，还追求精神利益。朱翠萍等（2008）在相关研究中提到精神利益包含个人声誉和社会认可等。严法善等（2000）指出非经济利益也是各主体利益的重要组成部分。董明堂（1994）提到人们不仅受经济利益的影响，还包括政治、法律、社会、思想、道德、文化、习俗等非经济利益。因此，SC-CKT 的利益分配研究不仅要考虑以货币形式获得的经济利益，还要考虑个人声誉、社会认可和精神追求等非经济利益，在相关研究曾提出。在 SC-CKT 的情境下，经济利益一般指转移之后带来的产品利润，而非经济利益指各主体名誉的提升，包括博主影响力增值、商家品牌增值和平台价值增值等。

不同的 SC-CKT 情景下，各主体对利益的诉求不同，既存在侧重经济利益获取的情景，也存在同时获取经济利益和非经济利益的情景。企业的发展阶段和知识显性化的难易程度对产生的利益类型具有不同程度的影响。在企业初级发展阶段时，企业建立的平台规模较小，资源和认可度都处于较低水平，能够给 SC-CKT 提供的"流量"有限，各主体侧重于经济利益的获取；在中高级发展阶段的企业，具有充足的资源和极高的社会认可度，在该企业建立的平台上进行知识转移，不仅能够获得经济利益，也极易产生非经济利益。在易于知识显性化的情境下，由于博主进行简单主观加工处理的知识不具有独特性，价值有限，因此只能够带来经济利益，除非博主具备非常高的影响力，否则很难在该情景下产生非经济利益；而在难以知识显性化的情境下，由于博主耗费大量精力打磨的知识具有很强的独特性，极具价值，能够为合作带来经济利益和非经济利益。因此，应根据企业发展阶段和知识显性化的难易程度两个维度对 SC-CKT 情景进行划分，区分只侧重经济利益的情景和同时考虑经济利益和非经济利益的情景。由于经济利益和非经济利益衡量的方式不同，因此应根据各情景下的利益类型，采取合适的利益分配的模式和方法。

综上所述，本书基于企业发展阶段和知识显性化难易程度两个维度出发，构建出四种 SC-CKT 情景，并根据各情景下表现出的不同特征，提出对应的利益分配模式和方法，最终实现 SC-CKT 各情境下的合理利益分配。

第一节　利益分配模式构建依据选择

SC 企业搭建的知识转移平台和知识本身分别作为 SC-CKT 的载体和内容，对 SC-CKT 过程和利益分配模式的选择具有至关重要的作用。从 SC 企业的角度来说，一方面，企业搭建的平台是 SC-CKT 能够顺利进行的前提。只有企业建立能够进行 SC-CKT 的平台时，顾客、商家和平台才能形成合作。商家在平台上选择想要合作的顾客，顾客依据商家提供的信息在平台上进行知识转移，其他顾客在平台上接受传递的知识。整个 SC-CKT 过程中企业建立的平台承担着知识转移载体的角色，只有企业建立了能够承载知识的载体，才能输入和输出知识，形成各主体的合作。因此，SC 企业以及企业建立的平台对于 SC-CKT 来说是至关重要的。另一方面，处于不同发展阶段的企业对于 SC-CKT 形成的利益大小和类型具有不同程度的影响作用。朱秀梅（2010）和杨艳（2016）都曾指出，初创企业的特征主要表现在掌握的资源有限、受认可的程度低。朱秀梅（2010）指出，成熟的企业往往认可度和资源都在高水平。由于新生性导致的成长劣势，企业搭建的知识转移平台影响力有限，可以形成的利益少，能够为顾客及利益相关者带来的非经济利益也非常少，因此利益分配一般只考虑相关的经济利益的分配；而对于相对成熟的 SC 企业来说，由于前期的不断积累，资源的拥有量以及大众的认可度都处于较高的水平。此时，企业搭建的知识转移平台具有很大的影响力，形成的利益也水涨船高，除了要考虑相关经济利益的分配外，还需要对非经济利益进行分配。因此，初级阶段企业，应侧重于经济利益的分配；中高级阶段企业，则需要对产生的经济利益和非经济利益进行分配。

从知识的角度来看，一方面，知识是 SC-CKT 的核心要素。知识作为一次 SC-CKT 活动的主体部分是不可或缺的，如果不存在知识的转移，那么各主体的合作以及产生的销售及营销效果都不会发生。另一方面，企业建立的平台、商家与博主之间的地位是否存在差异，在一定程度上受到博主进行的知识显性化的难易程度影响。平台和商家都属于企业量级，但博主属于单独个体的量级，与另外两者存在很大的差异。当博主进行易于显性化的知识转移时，自身创作的内容不足以弥补地位的差距，因此此时各主体的地位是不对等的。当博主进行难以显性化的知识转移时，创作出的内容具有独特性和唯一性，极具价值，是平台和商家都非常需要的。在此基础上，博主与平台和商家能够形成地位趋同的状态，即博主具有与其他参与者坐在一起商量利益分配方案的资格。因此，在进行易于知识显性化知识转移的利益分配时，应考虑各主体的不对等地位；而在难以显性化的利益分配时，则考虑地位趋同的情况。

综上所述，企业与知识对于 SC-CKT 而言是至关重要的，企业的发展阶段和知识显性化的难易程度对利益分配的模式选择同样是关键的。因此，在对 SC-CKT 的利益分配过程中，需要考虑企业和知识的状态，不同状态下，需要采取不同的利益分配模式和方法进行利益分配，如表 8-1 所示。

表 8-1 维度构建

维度	状态	SC-CKT 特征	
		产出	地位
企业发展阶段	初级	经济	—
	中高级	经济和非经济	—
知识显性化难易程度	易	—	不同
	难	—	趋同

资料来源：笔者自制。

第二节 SC-CKT 情景界定

一、"初—易"情景

在企业初级发展阶段，顾客进行易于显性化的知识转移时（以下简称"初—易"情景），一方面，由于该阶段企业的资源能力有限、受认可的程度低，企业建立平台的规模与影响力的限制，决定了 SC-CKT 只能获得经济利益，很难产生非经济利益。非经济利益即除了产品利润之外的利益形式，如博主的影响力增值，商家的品牌增值和平台增值等。博主在初级阶段企业建立的平台进行易于显性化的知识转移，不会期待提高自身的名誉声誉；商家在合作的过程中更多考虑的也是经济利益，而不考虑自身的品牌增值情况；平台在初级阶段主要考虑如何让自己"活下来"，只有获得了经济利益才能达到目的。因此，在初级阶段，博主进行易于显性化的知识转移，主要带来的是经济利益的增长。另一方面，进行易于知识显性化的博主，没有产生独特的、有价值的知识内容，很难获得与商家和平台同等地位谈判的资格，具有相对较小的话语权。因此，在"初—易"情景下，需要考虑各主体地位不对等情况下的经济利益分配。

二、"初—难"情景

在企业初级发展阶段，顾客进行难以显性化的知识转移时（以下简称

"初—难"情景），一方面，与"初—易"情景相同，由于企业仍处于初级发展阶段，SC 平台积累的用户及流量池有限，很难帮助 SC-CKT 获得非经济利益。即使博主进行难以显性化的知识转移，其创作初衷侧重于经济利益的获得，相对于经济利益而言，产生的非经济利益比例是很小的。平台、商家与博主合作的过程中也同样更多的是在追求经济利益。因此，该情景下的 SC-CKT 产出主要还是经济利益的增长。另一方面，与"初—易"情景不同之处在于，由于博主进行难以显性化的知识转移，这样的知识具有独特性、唯一性且极具价值，是平台和商家都极为需要的内容，这决定了博主有能力获得与平台和商家同等地位的资格。因此，"初—难"情景下需要考虑各主体地位趋同的经济利益分配。

三、"中高—难"情景

在企业中高级发展阶段，顾客进行难以显性化的知识转移时（以下简称"中高—难"情景），与"初—难"情景相同，博主在该情境下同样进行难以显性化的知识转移，使其具有独特性知识的支撑。在这种情况下，对于具有一定资源和认可度的平台、一定知名度的商家、一定知识独特性的博主而言，三者都是 SC-CKT 合作过程中不可或缺的一部分，且具有不可替代性，地位趋向平等。

而不同之处在于，由于企业处于中高级发展阶段，能够为平台提供大量的资源和认可度，进而能够获得一定的经济利益与非经济利益。如行吟信息科技（上海）有限公司创办的"小红书"SC 平台，根据 36 氪网站对其进行的报道发现，在 2021 年 11 月，企业完成新一轮 5 亿美元融资，投后估值高达 200 亿美元，平台的单日笔记曝光已经超 100 亿次。由于强大的资源支持和大家对该平台的认可，博主在该平台进行知识转移时，能够获得巨大的"流量"支持，进而获得由产品销售带来的经济利益和知识传播带来各主体的非经济利益。博主在中高级发展阶段企业建立的平台，进行难以显性化的知识转移，转移的知识能够受到很多用户的关注和认可，在获得经济利益的增长之外，还会提升自身的影响力增值；商家选择与发展成熟的企业和博主进行合作，在获得自身产品利润经济利益的同时，自身产品或品牌还能够被更多的用户认识和喜爱，实现品牌价值增值；在合作的过程中，平台能够获得销售产品带来的佣金作为经济利益，同时，由于其他顾客认为该平台提供的知识是高价值的、独特的，是在其他平台无法找到的。进而平台的知名度以及影响力也能够得到提升，实现平台价值的增值。因此，"中高—难"情景，需要考虑各主体地位趋同情况下的经济利益和非经济利益分配。

四、"中高—易"情景

在企业中高级发展阶段，顾客进行易于显性化的知识转移时（以下简称"中高—易"情景），处于中高级发展阶段企业建立的平台，由于长期的运营和积累，博主影响力的强弱是有区别的，可按照粉丝量的多少，将其分为极具影响力的博主和影响力较小的博主。当极具影响力的博主发布易于显性化的知识时，如"李佳琦"的直播带货，能够媲美难以显性化知识转移甚至达到更好的效果，此时极具影响力的博主与商家和平台处于同等地位。同时，由于博主自身的影响力，即使创造易于显性化的知识，在自身的粉丝基础的支撑下，经济利益和非经济利益往往都能够产生；而影响力较小的博主发布易于显性化的知识时，与"初—易"情景相同，没有产生独特的、有价值的知识内容，很难获得与商家和平台同等地位谈判的资格，同时，由于博主既没有自身的粉丝基础，也没有产生独特的、有价值的知识，即使在中高级 SC 企业发展阶段，平台已经积累了大量的资源，也获得了大部分用户的认可的情况下，能够获得非经济利益也非常有限，主要还是以经济利益为主。因此，"中高—易"情景下需要考虑各主体地位不同和趋同两种情况下的经济利益与非经济利益分配。

综上所述，本书基于企业发展阶段和知识显性化难易程度两个维度，构建了四种不同的 SC-CKT 情景，分别为"初—易""初—难""中高—易""中高—难"，如图 8-1 所示。各情境下由于 SC-CKT 特征的不同，需要采用不同的利益分配模式和方法，进而建立出适合 SC-CKT 的利益分配模型。

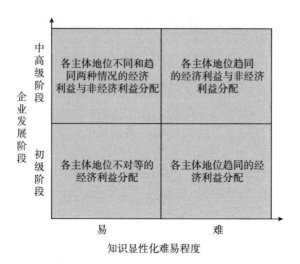

图 8-1 SC-CKT 情景

资料来源：笔者自制。

第三节 利益分配模式界定

一、"初—易"情景下的分散型利益分配模式

在"初—易"情景下，一方面，SC-CKT 的产出主要为经济利益。另一方面，由于各主体地位存在较大差异，存在商家主导平台和博主的主从关系。就商家和博主的关系而言，由于博主进行易于显性化的知识转移，转移的知识不具有独特性、高价值等特点，在该次知识转移合作过程中做出的贡献有限。同时，由于平台的体量较小，较大影响力的博主也不会与其进行合作，如"小红书"在建立初期，很少存在影响力高的博主，大部分都是不具号召力的素人。因此博主相对具有一定知名度的商家而言，处于弱势地位；就商家和平台的关系而言，在该情景下，企业的资源有限以及认可度较低，建立的平台规模较小，相对于寻求 SC 合作，大部分具有一定的品牌知名度的商家而言，平台同样处于商家的弱势

地位；就平台与博主的关系而言，此时平台维护和激励博主的能力有限，博主也更多地和商家展开合作，平台与博主不具有利益相关性，因此两者不具有直接的地位关系。总的来说，"初—易"情境下，存在商家分别主导平台和博主的地位关系。

基于以上分析，本书根据产出为经济利益和存在商家主导的地位关系的"初—易"情境特点，构建商家主导的分散型利益分配模式。一方面，由于存在商家主导平台和博主的地位关系，在决策时，各主体是一种分散决策的情况，即商家是决策主导者，平台和博主是决策跟随者，且决策相互影响。另一方面，由于产出仅存在经济利益，在没有非经济利益产出的情况下，分散决策完全能够解决该情景的利益分配问题。

二、"初—难"情景下的集中型利益分配模式

"初—难"情景与"初—易"情景的 SC-CKT 主要产出都是经济利益，但与"初—易"情景下的主从关系不同，"初—难"情景下，各主体的地位逐渐趋于相同，平台、商家和博主共同决定利益分配方案。由于此时的博主将难以显性化的知识发布到平台上，对于平台而言，这样的内容是在企业初级发展阶段时所缺少的，平台需要依靠难以显性化的知识来获得流量，进而加快自身的发展，此时的博主能够与平台形成地位对等情况下的利益分配谈判；对于商家而言，博主独特的、唯一的且有价值的知识同时也是商家所需要的，通过这样的 SC-CKT，商家能够获得较好的销售业绩，从而使商家和博主达成一种相对平等的地位；对于平台和商家而言，虽然此时的平台依然是由初级阶段资源有限的企业所建立的，而针对此次 SC-CKT 合作而言，由于博主难以显性化的知识也属于平台的资源，间接提升了该次 SC-CKT 合作下平台的地位。综上所述，博主、商家和平台之间的博弈趋向同等地位，共同决策利益如何分配。

基于以上分析，本书根据产出为经济利益和存在三个主体地位趋同的"初—难"情景特点，构建集中型利益分配模式。一方面，由于该情景下存在博主、商家和平台三者地位趋同的关系，在进行利益分配决策时，各主体是一种集中决策

的情况，即三个主体依赖集体利益最大化为原则共同决策利益分配。另一方面，由于产出仍然仅存在经济利益，集中决策完全能够解决经济利益的分配问题。

三、"中高—难"情景下的合作型利益分配模式

与"初—难"情景相同，在"中高—难"情景下，博主也进行难以显性化的顾客知识转移，由于创作的知识具有独特性和唯一性，从而赋予了博主具有与商家和平台同等地位的权力。而不同之处在于，由于中高级发展阶段的企业资源和顾客难以显性化知识的支撑，该情景下不只产生经济利益，非经济利益也是不可或缺的一部分。

基于以上分析，本书根据产出为经济利益和非经济利益以及存在各主体存在地位趋同的"中高—难"情境特点，构建合作型利益分配模式。在进行利益分配决策时，各主体是一种集中决策的情况，即三个主体共同决策利益分配。但该情景下不仅产出经济利益，非经济利益也是该情景重要的一部分，依赖集体利益最大化为原则进行计算的集中决策并不能够完全解决经济利益与非经济利益分配问题。因此，在合作的状态下，对合作各主体的特征和努力等要素进行全面的分析之后，根据分析结果进行合作型的利益分配模式才能够合理地解决该情景下的利益分配问题。

四、"中高—易"情景下的选择型利益分配模式

"中高—易"情景与"中高—难"情景的 SC-CKT 产出相同，都包含经济利益与非经济利益。不同的是，根据进行易于显性化知识转移博主的影响力大小不同，各主体的地位以及产出的利益类型会发生变化。当博主影响力强时，博主的地位与平台和商家趋同，能够产生经济利益和非经济利益；当博主影响力弱时，进行易于显性化的知识转移，存在平台主导商家和博主的地位关系，且只能够产生经济利益，很难获得非经济利益的提高。

基于以上分析，本书根据博主影响力的大小不同，构建选择型利益分配模式。一方面，当博主的影响力较小，应采取平台主导的分散型利益分配模式。由

于该情景下企业处于中高级发展阶段，建立的平台由于资源和认可度的提升，具备主导博主和商家的权力。因此在进行利益分配决策时，各主体是一种分散决策的情况，即平台、商家和博主之间各自独立决策，平台是决策主导者，商家和博主是决策跟随者，且决策相互影响。同时，与"初—易"情景相同，都只产生经济利益，在没有非经济利益产出的情况下，分散决策完全能够解决该情景的利益分配问题。另一方面，当博主极具影响力时，应采取合作型的利益分配模式。由于此时的 SC-CKT 不仅产生经济利益和非经济利益，各主体的地位也趋向一致，与"中高—难"情景的特点一致。因此，在该情景下，本书构建了合作型利益分配模式。

综上所述，在"中高—易"情境下，应当采用选择型利益分配模式。当与极具影响力的博主合作时，采用合作型利益分配模式；当与影响力较弱的博主合作时，采用平台主导的分散型利益分配模式。

本章基于企业发展阶段和知识显性化难易程度两个维度出发，构建出四种 SC-CKT 情景，并分别构建出不同的利益分配模式如图 8-2 所示。

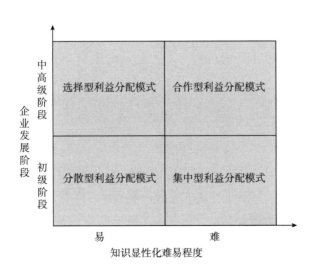

图 8-2 SC-CKT 的利益分配模式

资料来源：笔者自制。

第九章　利益分配模式下的
分配方法设计

第一节　四种利益分配模式下分配方法的总体说明

四种不同的模式下，由于需要解决的利益分配问题不同，因此需要采取不同的利益分配方法。在"初—易"情境下，本书构建了商家主导的分散型利益分配模式，采用基于商家主导的两部分一主一从分散型利益分配方法；在"初—难"情景下，本书构建了集中型利益分配模式，采用基于三方共同决策及营销努力占比的集中型利益分配方法；在"中高—难"情境下，本书构建了合作型利益分配模式，采用基于修正 Shapley 值法的合作型利益分配方法；在"中高—易"情景下，根据博主影响力的大小，构建了选择型的利益分配模式，在与影响力较小的博主合作时，构建平台主导的分散型利益分配模式，并采取基于平台主导的两阶段一主二从分散型利益分配方法。在与极具影响力的博主合作时，采取合作型利益分配模式，采用基于修正 Shapley 值法的合作型利益分配方法。下面对四种模式中涉及的四种方法进行设计分析。

1. 分散型利益分配模式

在"初—易"情境下构建的分散型利益分配模式，SC-CKT 的产出主要为经济利益，多方博弈的过程能够很好地显现。而非合作博弈注重微观过程的策略，因此，该情景下应当采用非合作博弈的方法进行利益分配。同时，"初—易"情景下存在商家分别主导平台和博主的地位关系，且平台与博主之间不具有相关关系。在非合作博弈中，地位不对等导致各主体具有主从关系，从而依据主从博弈的方法进行策略的选择。而斯塔克尔伯格博弈法作为考虑主从关系的分散决策方法，其主要特征为各主体以自身利益最大化，按照主体地位的高低依次进行策略选择，即分散决策。对于处于初级阶段的企业，只考虑经济利益、过程易于分解且具有明显主从关系的"初—易"情景是非常合适的。根据主从关系分析，本文将"初—易"情景下SC-CKT的过程划分为两部分的斯塔克尔伯格博弈，即商家作为决策主导者、平台作为决策跟随者的一主一从博弈和商家作为决策主导者、博主作为决策跟随者的一主一从博弈。两部分并非单独存在的，而是两部分是相互依存的，只有两部分都成功时，才能产生利润。因此，在分散型利益分配模式下应采用基于商家主导的两部分一主一从分散型利益分配方法。

基于商家主导的两部分一主一从分散型利益分配方法将三个主体的主从博弈创造性地分为商家主平台从和商家主博主从的两部分一主一从博弈。通过对SC-CKT合作的细致分析发现，平台、博主和商家之间并非简单的一主二从关系，而是从在时间先后顺利的博弈过程，即商家先于平台合作并进行决策变量的博弈，在此基础上，商家在寻求与博主的合作。两部分一主一从博弈更加贴合现实情况，进而使研究结果在实际运用的过程中更能够反映博弈过程的真实性。

2. 集中型利益分配模式

在"初—难"情景下构建的集中型利益分配模式下，SC-CKT的产出主要为经济利益，多方博弈的过程能够得到很好的显现，因此，应采取侧重于博弈过程中决策选择的非合作博弈方法。而不同于"初—易"情景下，各主体的话语权由原来的商家主导平台和博主转变为各主体的地位趋同。在非合作博弈中，地位趋同使各主体在平等的条件下，一起商量谈判，选择策略，而集中型利益分配方法正是考虑集体利益最大化，以平等地位共同决策策略选择。对于处于初级阶段的企业，只考虑经济利益、过程易于显现且各主体地位趋同的"初—难"情景是非常合适的。集中型利益分配方法的特征表现在各主体具备在一起商量谈判的资格，谈判的重点在于如何实现集体利益的最大化，进而间接实现各主体所分得利益的最大化。在集中型利益分配方法下，各主体摒弃了分散决策时以自身利益最大化为目标，而是为了实现 SC-CKT 合作的整体利益最大化进行决策。在这样的情境下，商家给予平台和博主的佣金属于各主体之间的内部交易，不会对总利益产生影响，因此，以集体利益最大化为原则进行集中决策分析只能够确定各主体做出最优的营销努力，而无法确定商家给予平台和博主的佣金。而通过各主体最优营销努力占总营销努力的比例与总利益的乘积确定各主体的利益分配。一方面，这样的方法不仅能够很好地体现"按劳分配"的公平性，解决现有模式中收益无法体现价值的问题，也进一步地对各主体起到了激励的效果；另一方面，由于该情景下，企业仍处于初级发展阶段，受到资源和影响力的限制，无法运用合作博弈的利益分配方法，而集中决策无须运用过多的资源和时间，即分配利益的效率很高，适合初级发展阶段的企业使用。因此，在集中型利益分配模式下，应采取基于三方共同决策及营销努力占比的集中型利益分配方法。

在集中型利益分配模式中，在无法确定佣金最优解的情况下，以各主体的最优营销努力占比与总利益的乘积确定各主体的利益分配。以往追求集体利益最大化的利益分配模式研究，大多通过调整佣金的大小来达到集中决策最优的结果，并不算作真正意义上的利益分配。而该方法直接从营销努力占比的角度对总利益进行直接分配，这样的利益分配方法符合该模式下各主体地位趋同的初级发展阶段情景，对于追求集体利益最大化情景下的利益分配是极具创新性的。

3. 合作型利益分配模式

"中高—难"情景构建的合作型利益分配模式下，SC-CKT 的产出包括经济利益和非经济利益，这时多方合作的博弈过程往往比较复杂，无法运用侧重于微观过程的非合作博弈解决该情景下的利益分配。而合作博弈侧重于宏观层面的结果，不考虑得到这些结果的具体细节，即不关心策略问题。因此，应当采用基于修正 Shapley 值法的合作型利益分配方法进行利益分配。在合作博弈中，强调在各主体地位对等的情况下获得公平合理的结果，进一步印证了该情景采用合作博弈的合理性。采用基于修正 Shapley 值法的合作型利益分配方法的具体思路为，通过计算合作产生的总利益，并测量各主体为 SC-CKT 的顺利进行所付出的投入比例，进而最终得到利益的分配结果。受到知识转移因素的影响，各主体在 SC-CKT 过程中的表现往往存在差异，将各合作主体对集体的贡献作为利益分配参考标准的 Shapley 值法，注重合作共赢，能够解决现实利益分配模式下的问题，是该情景的最佳选择。而通过考虑知识转移的影响因素对 Shapley 值法进行修正，可以弥补各主体表现差异的问题，进而达到分配公平、合理的目的。因此，在合作型利益分配模式下，应采取基于修正 Shapley 值法的合作型利益分配方法。

在合作型利益分配模式下，一方面，不仅考虑了 SC-CKT 带来的经济利益，还将非经济利益作为总利益的一部分，实现更加合理的分配。在以往的多方合作研究中，学者们仅涉及对能够统一度量的经济利益进行分配，如"产学研联盟""动态联盟"等。而对于 SC-CKT 合作联盟，社会化作为其核心业务，产生的社会利益同样不可或缺。因此，本书在该模式中研究了各主体的社会利益增值，提出测量指标和测算办法，为后续的研究提供指导作用。另一方面，通过合作型利益分配模式的分析，将参与者特征、努力程度、重要程度和风险作为修正传统 Shapley 值的四种要素，实现更加公平合理的分配。

4. 选择型利益分配模式

选择型利益分配模式是指按照博主影响力的大小不同，根据合适的情景选择合适的利益分配模式。当博主影响力大时，以集体利益最大化为标准进行结果分析的经济利益与非经济利益分配模式；当博主影响力弱时，存在明显主从关系情况下，以自身利益最大化为标准进行策略选择的经济利益分配模式。与较低影响力博主合作的"中高—易"情境下构建的选择型利益分配模式下，与"初—易"情景相同，都只产生经济利益。但不同的是，由于此时企业已经具备一定程度的资源、受认可的程度也大大提升，作为一个发展成熟的双边市场，企业建立的平台具备主导商家和博主的能力，同时商家也具备主导博主的能力。由于博主发布易于显性化的知识，没有创作独特的价值内容，在与商家的谈判中同样处于弱势地位。同时，企业有能力对博主进行激励和维护，在利益分配的过程中企业建立的平台与博主之间存在利益相关性。综上所述,平台具备主导商家和博主的能力,同时商家也具备主导博主的能力。因此,本书针对与低影响力博主合作的"中高—易"情境,即与较低影响力博主合作的选择型利益分配模式,建立了两阶段一主二从的博弈方法,总体来看,平台作为决策主导者,商家和博主作为决策跟随者,同时,商家也具备主导博主的权力。即在第一阶段,平台主导商家,在第二阶段,商家主导博主,两阶段具有连续性,相互影响,相互作用。因此,在与较弱影响力的博主合作的选择性利益分配模式下,应采取基于平台主导的两阶段一主二从分散型利益分配方法。与极具影响力博主合作的"中高—易"情景下构建的选择型利益分配模式下,与"中高—难"情景相同,都是以集体利益最大化为标准进行结果分析的经济利益与非经济利益分配模式。因此,应当采取基于修正 Shapley 值法的合作型利益分配方法。

基于平台主导的两阶段一主二从分散型利益分配方法同样根据与较弱影响力博主合作的选择型利益分配模式下的情景设计出了两阶段的一主二从博弈。由于该情景下,平台具备主导商家和博主的权力,可依据此建立起简单的一主二从博弈模型。但通过细致的 SC-CKT 分析发现,此时的商家也具备主导影响力较小且进行易于显性化的知识转移的博主。因此,设计出两个阶段的一主二从模型,使得其更加贴合该情景的现实特点。

综上所述,在四种利益分配模式中,本书采取三种不同的利益分配方法,分别是分散型利益分配方法、基于营销努力占比的集中型利益分配方法和基于修正 Shapley 值法的合作型利益分配方法。分散型利益分配方法是指各主体存在明显主从关系情况下,以自身利益最大化为标准进行策略选择的经济利益分配方法。分散型利益分配模式和与具有弱影响力博主合作的选择型利益分配模式下,分别运用基于商家主导的两部分一主一从分散型利益分配方法和基于平台主导的两阶段一主二从分散型利益分配方法。基于营销努力占比的集中型利益分配方法是指各主体在地位趋同的情况下,以集体利益最大化为目标进行策略选择的经济利益分配方法。同时,该方法的最终结果需要考虑各主体的最优营销努力占比得出。在集中型利益分配模式下采用此方法。基于修正 Shapley 值法的合作型利益分配方法是指以集体利益最大化为标准进行结果分析的经济利益与非经济利益分配方法。在与极具影响力博主合作的"中高—易"情景下构建的选择型利益分配模式以及合作型利益分配模式下采用此方法。

第二节 分散型利益分配方法设计

"初—易"和与具有低影响力博主合作的"中高—易"两个情境下,即在分散型利益分配模式以及与较弱影响力博主合作的选择型利益分配模式下,分别运用基于商家主导的两部分一主一从分散型利益分配方法和基于平台主导的两阶段一主二从分散型利益分配方法。

在两种方法中,平台和博主的决策变量为对整个合作的营销努力变量,而商家的决策变量为对平台和博主提供营销努力的佣金。其中营销努力是指各主体为了识别、建立、维护和巩固其与客户间的关系所做出的努力(马宝龙,2009)。平台的营销努力主要为提供产品品牌背书、客服、售后、产品展示环境等。博主的营销努力包括但不限于为提供产品品牌背书、脚本撰写、视频拍摄、产品体验等指标。平台和博主对整个合作的营销努力都是为了对商家的产品进行营销,进而使整个 SC-CKT 合作整体获得更大的利益。商家为了让 SC-CKT 合作整体获得尽可能大的利益,同样会付出自身的营销努力,如产品提供、对博主的知识转移提供服务,让博主更好地发布并转移产品的相关信息、对平台的知识传播提供服务,让平台实施更符合产品特征的营销服务,进而实现用户购买和使用。给予平台的佣金是指商家在入驻 SC 平台时,需要缴纳技术服务费,即通过平台销售的商品,商家需要向其缴纳一定的佣金。给予博主的佣金是指商家在平台上选择博主进行合作时,需要给予博主一定的酬金作为回报。一般而言,佣金的收取是按照商家产品销售额的一定百分比缴纳,如蘑菇街、抖音直播等。从产出来看,SC-CKT 为各主体带来的价值是产品利润,对于博主和平台而言,是产品利润的佣金;对于商家而言,是除去佣金的剩余利益。

综上所述，分散型利益分配具体的方法为：以斯塔克尔伯格博弈方法，分析商家对平台和博主支付的佣金，平台和博主对合作整体的营销努力，求解相应的最优决策，在此基础上，进一步完成合理的利益分配。

一、商家主导的分散决策分析

1. 模型说明

将平台、商家和博主作为斯塔克尔伯格模型的三个参与者，分别用 $i=p$，m，w 表示，模型结构如图 9-1 所示，整个模型可以看作是两部分博弈过程。第一部分是商家与平台之间的博弈，主要博弈为商家在给予平台佣金及为平台合作付出相应营销努力的情况下，平台应付出多少对合作整体的营销努力。商家的决策变量为对平台的佣金以及对平台和博主合作的营销努力，用 s_p 和 ρ_{1m} 表示，其他相关变量为营销努力对应的成本、单位产品利润以及销售量，分别以 $C(\rho_m)$、r、q 表示；平台的决策变量为对合作整体的营销努力，用 ρ_p 表示，其他相关变量为营销努力对应的成本，以 $C(\rho_p)$ 表示。第二部分是商家与博主的博弈，主要博弈为商家在给出对博主佣金和为与博主合作付出相应营销努力的情况下，博主应该给予合作整体多大的营销努力。商家的决策变量为对博主的佣金和营销努力，用 s_w 和 ρ_{2m} 表示，其他相关变量同上；博主的决策变量为对合作整体的营销努力，用 ρ_w 表示，其他相关变量为营销努力对应的成本，以 $C(\rho_w)$ 表示。

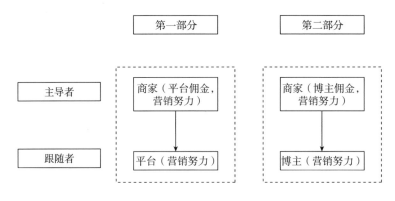

图 9-1　商家主导的分散决策模型

资料来源：笔者自制。

营销努力对应的成本 C（ρ_i）以及知识转移带来的销售量 q 两个变量函数的确定。第一，营销努力的成本受到各参与者营销努力 ρ_i 的影响，营销努力越高，再增加一单位营销努力的边际成本越高。一般文献中假设 C（ρ_i）是关于营销努力的凹函数，因此各参与主体的营销努力对应的成本以 C（ρ_i）$= \frac{\varepsilon_i}{2}\rho_i^2$ 表示，其中 ε_i 为营销努力成本系数（王智生，2016）。第二，销售量 q 受到三个参与主体营销努力 ρ_i 的影响。即各主体的营销努力越高，对于该次知识转移最终的销售量则越好。参照 Jeuland（1983）等的做法，假设销售量是关于营销努力和佣金率的线性函数，因此销售量可以 $q=\gamma_p\rho_p+\gamma_m\rho_m+\gamma_w\rho_w$ 表示，γ_i 为各主体单位营销努力对销售量的弹性系数。由于 SC-CKT 只是为了营销和销售产品，在传播知识的过程中，产品的价格基本与原有价格保持一致，因此不再考虑价格对销量的影响。其中，第一部分，仅有平台和商家付出营销努力对销量产生的影响，因此，该部分的销量为 $q_1=\gamma_p\rho_p+\gamma_m\rho_{1m}$；第二部分，仅有商家和博主付出营销努力，该部分的销量为 $q_2=\gamma_w\rho_w+\gamma_m\rho_{2m}$。

模型中符号说明：

ρ_i：参与者对商家的营销努力，$i=p$，m，w；

ρ_{jm}：分别代表商家在第一部分和第二部分的营销努力，$j=1$，2，$\rho_m=\rho_{1m}+\rho_{2m}$；

s_i：商家对平台和博主的佣金，$i=p$，w；$s=s_w+s_p$；

ε_i：营销努力成本系数，$i=p$，m，w；

C（ρ_i）：营销努力对应的成本，C（ρ_i）$=\frac{\varepsilon_i}{2}\rho_i^2$，$i=p$，$m$，$w$；

γ_i：各主体单位营销努力对销售量的弹性系数，$i=p$，m，w；

q：销售量，$q=\gamma_p\rho_p+\gamma_m\rho_m+\gamma_w\rho_w$；

π_i：各主体的利益，$i=p$，m，w；

π_{jm}：分别代表商家在第一部分和第二部分的利益，$j=1$，2；

π：SC-CKT 的总利益；

r：产品单位销售利润。

为保证模型有意义，不妨设 $\varepsilon_m\gamma_p^2>\varepsilon_p\gamma_m^2$、$\varepsilon_m\gamma_w^2>\varepsilon_w\gamma_m^2$、$\varepsilon_w\gamma_m^2+\varepsilon_m\gamma_w^2>1$、$\varepsilon_p\gamma_m^2+\varepsilon_m\gamma_p^2>1$、$2\varepsilon_p\gamma_w^2>\varepsilon_w\gamma_p^2$。

2. 商家主导下的 SC-CKT 利益构成

在 SC-CKT 的过程中，存在平台和商家、商家和博主的两两博弈，各主体分别做出自身的决策，由此产生了利益。用 π_{ji}，$j=1,2$；$i=p,m,w$ 代表各部分各主体的利益，$j=1,2$ 代表第一部分、第二部分，$i=p,m,w$ 分别代表博主、商家和平台。

在第一部分中，由于平台和商家的营销努力，能够让商家获得一定的产品利润，为此，商家需要给予平台已获得产品利润的一部分作为佣金。总的来说，第一部分平台可能获得一部分产品利润，同时也付出了营销努力成本，如式（9-1）所示；商家可能获得一定的产品利润，同时也付出了营销努力成本，如式（9-2）所示。

$$\pi_p=s_p(\gamma_p\rho_p+\gamma_m\rho_{1m})-\frac{\varepsilon_p}{2}\rho_p^2 \tag{9-1}$$

$$\pi_{1m}=(r-s_p)(\gamma_p\rho_p+\gamma_m\rho_{1m})-\frac{\varepsilon_m}{2}\rho_{1m}^2 \tag{9-2}$$

在第二部分中，由于博主和商家的营销努力，可以使商家获得一定的产品利润，因此，商家需要给予博主已获得产品利润的一部分作为佣金补偿。总之，第二部分商家在该部分可能获得一定的产品利润，同时又付出了营销努力，如式（9-3）所示；博主可能得到一部分的产品利润，同时也付出了营销努力，如式（9-4）所示。

$$\pi_{2m}=(r-s_w)(\gamma_m\rho_{2m}+\gamma_w\rho_w)-\frac{\varepsilon_m}{2}\rho_{2m}^2 \tag{9-3}$$

$$\pi_w=s_w(\gamma_m\rho_{2m}+\gamma_w\rho_w)-\frac{\varepsilon_w}{2}\rho_w^2 \tag{9-4}$$

在得到两部分各主体的利益之后，可以计算出该次 SC-CKT 的总利益为：

$$\pi=r(\gamma_p\rho_p+\gamma_m\rho_{1m}+\gamma_m\rho_{2m}+\gamma_w\rho_w)-\frac{\varepsilon_p}{2}\rho_p^2-\frac{\varepsilon_m}{2}\rho_{1m}^2-\frac{\varepsilon_m}{2}\rho_{2m}^2-\frac{\varepsilon_w}{2}\rho_w^2 \tag{9-5}$$

3. 商家主导下的分散决策方法

根据斯塔克尔伯格博弈，决策主导者具有优先决策的权力，决策跟随者通过观察决策主导者的决策最优的反应。商家作为第一部分的决策主导者，具有优先决定给予平台佣金 s_p 和为与平台合作付出营销努力 ρ_{1m} 的权力，平台作为该部分的决策跟随者，在给出 s_p 和 ρ_{1m} 后，判断其对合作整体营销努力 ρ_p 的大小；商家作为第二部分的决策主导者，优先做出对博主佣金率 s_w 以及为和博主合作付出的营销努力 ρ_{2m} 的选择，博主作为该部分的追随者，在已知 s_w 和 ρ_{2m} 的情况下，选择对合作整体营销努力 ρ_w。根据斯塔克尔伯格博弈理论，两部分均采用逆向归纳法进行推理。

第一部分是商家主平台从博弈，主要博弈为商家在给出对平台佣金以及为与平台合作付出营销努力的情况下，平台应该给予合作整体多大的营销努力，随着营销努力的增加，佣金也会不同程度地增加。根据逆向推理法，平台在给定商家佣金 s_p 和商家付出营销努力 ρ_{1m} 后，选择对合作整体的营销努力 ρ_p 来最大化自己的收益，即 $\dfrac{\partial \pi_p}{\partial \rho_p}=0$（二阶小于 0），可得到平台营销努力 ρ_p 的反应函数为：

$$\rho_p=\frac{\gamma_p s_p}{\varepsilon_p} \tag{9-6}$$

将式（9-6）代入式（9-2）后可知，第一部分的商家利益函数 π_{1m} 是关于商家给予平台佣金 s_p 和商家第一部分营销努力 ρ_{1m} 的函数。将 π_{1m} 以 s_p 和 ρ_{1m} 进行 Hessian 矩阵得：

$$\begin{bmatrix} \dfrac{\partial^2 \pi_{1m}}{\partial s_p^2} & \dfrac{\partial^2 \pi_{1m}}{\partial s_p \rho_{1m}} \\ \dfrac{\partial^2 \pi_{1m}}{\partial \rho_{1m} s_p} & \dfrac{\partial^2 \pi_{1m}}{\partial \rho_{1m}^2} \end{bmatrix}=\frac{2\gamma_p^2 \varepsilon_m-\varepsilon_p \gamma_m^2}{\varepsilon_p}>0 \tag{9-7}$$

证实 π_{1m} 存在极大值。分别令 $\dfrac{\partial \pi_{1m}}{\partial s_p}=0$，$\dfrac{\partial \pi_{1m}}{\partial \rho_{1m}}=0$，可得 s_p 和 ρ_{1m} 的决策函数为：

$$s_p = \frac{1}{2}\left(r - \frac{\varepsilon_p}{\gamma_p^2}\gamma_m \rho_{1m}\right) \tag{9-8}$$

$$\rho_{1m} = \frac{(r-s_p)\gamma_m}{\varepsilon_m} \tag{9-9}$$

将式（9-8）和式（9-9）联立方程，可得 s_p 和 ρ_{1m} 的最优决策为：

$$s_p^* = \frac{\varepsilon_m \gamma_p^2 - \varepsilon_p \gamma_m^2}{2\varepsilon_m \gamma_p^2 - \varepsilon_p \gamma_m^2}r \tag{9-10}$$

$$\rho_{1m}^* = \frac{\gamma_m \gamma_p^2}{2\varepsilon_m \gamma_p^2 - \varepsilon_p \gamma_m^2}r \tag{9-11}$$

将式（9-10）代入式（9-6）可得 ρ_p 的最优决策为：

$$\rho_p^* = \frac{\gamma_p}{\varepsilon_p} \frac{\varepsilon_m \gamma_p^2 - \varepsilon_p \gamma_m^2}{2\varepsilon_m \gamma_p^2 - \varepsilon_p \gamma_m^2}r \tag{9-12}$$

通过商家和平台的一主一从博弈，最终获得了平台的最优营销努力 ρ_p^*，商家给予平台的最优佣金 s_p^* 以及商家第一部分的最优营销努力 ρ_{1m}^*。将 ρ_p^*、s_p^*、ρ_{1m}^* 分别代入式（9-1）和式（9-2）中，可得到在斯塔克尔伯格博弈下，平台和商家第一部分的利益分别为：

$$\pi_p^* = \frac{\gamma_p^2 (\varepsilon_m^2 \gamma_p^4 - \varepsilon_p^2 \gamma_m^4)}{2\varepsilon_p (2\varepsilon_m \gamma_p^2 - \varepsilon_p \gamma_m^2)^2}r^2 \tag{9-13}$$

$$\pi_{1m}^* = \frac{\varepsilon_m \gamma_p^4}{2\varepsilon_p (2\varepsilon_m \gamma_p^2 - \varepsilon_p \gamma_m^2)}r^2 \tag{9-14}$$

第二部分是商家主博主从博弈，商家主博主从的博弈主要为商家在给出对博主的佣金及第二部分营销努力的情况下，博主应该付出对合作整体多大的营销努力，随着佣金的增加，博主营销努力也会不同程度地增加。根据逆向推理法，博主在给定商家佣金 s_w 和商家营销努力 ρ_{2m} 后，选择博主营销努力 ρ_w 来最大化自己的收益，即在 $\frac{\partial^2 \pi_w}{\partial \rho_w^2}<0$（二阶小于 0）的情况下，令 $\frac{\partial \pi_w}{\partial \rho_w}=0$，可得到博主营销努力 ρ_w 的反应函数为：

$$\rho_w = \frac{\gamma_w}{\varepsilon_w} s_w \tag{9-15}$$

将式（9-15）代入式（9-3）可得第二部分商家的利益函数 π_{2m} 是关于博主佣金 s_w 和商家第二部分营销努力 ρ_{2m} 的函数。将 π_{2m} 以 s_w 和 ρ_{2m} 进行 Hessian 矩阵得：

$$\begin{bmatrix} \dfrac{\partial^2 \pi_{2m}}{\partial s_w^2} & \dfrac{\partial^2 \pi_{2m}}{\partial s_w \rho_{2m}} \\[3mm] \dfrac{\partial^2 \pi_{2m}}{\partial \rho_{2m} s_w} & \dfrac{\partial^2 \pi_{2m}}{\partial \rho_{2m}^2} \end{bmatrix} = \frac{2\varepsilon_m \gamma_w^2 - \varepsilon_w \gamma_m^2}{\varepsilon_w} > 0 \tag{9-16}$$

证实 π_{2m} 存在极大值。分别令 $\dfrac{\partial \pi_{1m}}{\partial s_w} = 0$，$\dfrac{\partial \pi_{1m}}{\partial \rho_{2m}} = 0$，可得 s_w 和 ρ_{2m} 的决策函数为：

$$s_w = \frac{1}{2}\left(r - \frac{\varepsilon_w}{\gamma_w^2} \gamma_m \rho_{2m} \right) \tag{9-17}$$

$$\rho_{2m} = \frac{\gamma_m(r - s_w)}{\varepsilon_m} \tag{9-18}$$

将式（9-17）和式（9-18）联立方程，可得 s_w 和 ρ_{2m} 的最优决策为：

$$s_w^* = \frac{\varepsilon_m \gamma_w^2 - \varepsilon_w \gamma_m^2}{2\varepsilon_m \gamma_w^2 - \varepsilon_w \gamma_m^2} r \tag{9-19}$$

$$\rho_{2m}^* = \frac{\gamma_m \gamma_w^2}{2\varepsilon_m \gamma_w^2 - \varepsilon_w \gamma_m^2} r \tag{9-20}$$

将式（9-19）代入式（9-15）可得 ρ_w 的最优决策为：

$$\rho_w^* = \frac{\gamma_w}{\varepsilon_w} \frac{\varepsilon_m \gamma_w^2 - \varepsilon_w \gamma_m^2}{2\varepsilon_m \gamma_w^2 - \varepsilon_w \gamma_m^2} r \tag{9-21}$$

通过商家和博主的一主一从博弈，最终获得了博主的最优营销努力 ρ_w^*，商家给予博主的最优佣金 s_w^* 以及商家第二部分的最优营销努力 ρ_{1m}^*。将 ρ_w^*、s_w^*、ρ_{1m}^* 分别代入式（9-3）和式（9-4），可得到在斯塔克尔伯格博弈下，第二部分商家的利益和博主的利益分别为：

$$\pi_{2m}^* = \frac{\varepsilon_m \gamma_w^4}{2\varepsilon_w(2\varepsilon_m \gamma_w^2 - \varepsilon_w \gamma_m^2)} r^2 \tag{9-22}$$

$$\pi_w^* = \frac{1}{2} \cdot \frac{\gamma_w^2(\varepsilon_m^2 \gamma_w^4 - \varepsilon_w^2 \gamma_m^4)}{\varepsilon_w(2\varepsilon_m \gamma_w^2 - \varepsilon_w \gamma_m^2)^2} r^2 \tag{9-23}$$

在已知第一部分与第二部分商家利益的情况下，可通过部分利益相加得到商家在 SC-CKT 合作的总利益为：

$$\pi_m^* = \frac{\varepsilon_m \gamma_p^4}{2\varepsilon_p(2\varepsilon_m \gamma_p^2 - \varepsilon_p \gamma_m^2)} r^2 + \frac{\varepsilon_m \gamma_w^4}{2\varepsilon_w(2\varepsilon_m \gamma_w^2 - \varepsilon_w \gamma_m^2)} r^2 \tag{9-24}$$

通过三个主体的利益相加，可以得到分散决策下 SC-CKT 合作的总利益为：

$$\pi^* = \frac{\gamma_w^2(\varepsilon_m \gamma_w^2 + \varepsilon_m^2 \gamma_w^4 - \varepsilon_w^2 \gamma_m^4)}{2\varepsilon_w(2\varepsilon_m \gamma_w^2 - \varepsilon_w \gamma_m^2)} r^2 + \frac{\gamma_p^2(\varepsilon_m \gamma_p^2 + \varepsilon_m^2 \gamma_p^4 - \varepsilon_p^2 \gamma_m^4)}{2\varepsilon_p(2\varepsilon_m \gamma_p^2 - \varepsilon_p \gamma_m^2)} r^2 \tag{9-25}$$

因此，在"初—易"情景下，运用商家主导的分散型利益分配模式和分散决策方法，使整个 SC-CKT 产生的总利益为 π^*，平台、商家和博主应该分配的利益分别为 π_p^*、π_m^*、π_w^*。

二、平台主导的分散决策分析

1. 模型说明

将平台、商家和博主作为斯塔克尔伯格模型的三个参与者，分别用 i=p，m，w 表示，模型结构如图 9-2 所示，整个模型可以看作是两阶段一主二从博弈过程。第一阶段为平台和商家的博弈，主要博弈为平台在付出对合作整体营销努力的情况下，商家应给予平台多少佣金。平台的决策变量为对合作整体的营销努力，用 ρ_p 表示；商家的决策变量为对平台的佣金以及整个合作整体的营销努力，用 s_p 和 ρ_m 表示。第二阶段为商家和博主之间的博弈，主要博弈为商家在给出对博主佣金和为合作付出相应营销努力的情况下，博主应该给予合作整体多大的营销努力。商家的决策变量为对博主的佣金和营销努力，用 s_w 和 ρ_m 表示；博主的决策变量为对合作整体的营销努力，用 ρ_w 表示。其他相关变量与两部分一主一从的分散决策相同，这里不予论述。

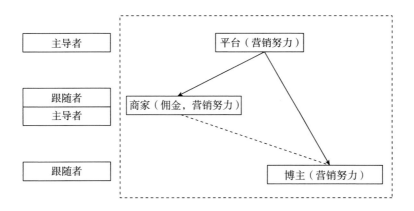

图9-2 平台主导的分散决策模型

资料来源：笔者自制。

2. 平台主导下的 SC-CKT 利益构成

各主体的利益主要为部分产品利润和营销努力成本之和。用π_i，$i=p$，m，w代表各主体的利润，$i=p$，m，w分别代表博主，商家和平台，总利益用π表示。

$$\pi_p = s_p(\gamma_p\rho_p + \gamma_m\rho_m + \gamma_w\rho_w) - \frac{\varepsilon_p}{2}\rho_p^2 \tag{9-26}$$

$$\pi_m = (r - s_p - s_w)(\gamma_p\rho_p + \gamma_m\rho_m + \gamma_w\rho_w) - \frac{\varepsilon_m}{2}\rho_m^2 \tag{9-27}$$

$$\pi_w = s_w(\gamma_p\rho_p + \gamma_m\rho_m + \gamma_w\rho_w) - \frac{\varepsilon_w}{2}\rho_w^2 \tag{9-28}$$

$$\pi = r(\gamma_p\rho_p + \gamma_m\rho_m + \gamma_w\rho_w) - \frac{\varepsilon_p}{2}\rho_p^2 - \frac{\varepsilon_m}{2}\rho_m^2 - \frac{\varepsilon_w}{2}\rho_w^2 \tag{9-29}$$

3. 平台主导下的分散决策方法

根据斯塔克尔伯格博弈，决策主导者具有优先决策的权力，决策跟随者通过观察决策主导者的决策最优的反应。平台作为整个博弈的决策主导者，具有优先决策对合作整体营销努力的权力；商家作为平台的决策跟随者，在平台给出营销努力 ρ_p 后，判断给予平台的佣金 s_p 和自身对合作整体的营销努力 ρ_m，同时商家作为博主的决策主导者，给出给予博主的佣金 s_w；博主作为平台和商家的决策跟随者，在平台和商家做出决策后，给出对合作整体的营销努力 ρ_w。根据斯塔克尔伯格博弈理论，应先计算博主的营销努力反应函数，进而分析商家的最优佣金和营销努力，最后确定平台的最优营销努力。

在给定平台和商家的决策后，博主选择对合作整体的营销努力 ρ_w，来最大化自己的收益，即在 $\dfrac{\partial^2 \pi_w}{\partial \rho_w^2}<0$（二阶小于0）的情况下，令 $\dfrac{\partial \pi_w}{\partial \rho_w}=0$，可得到博主营销努力 ρ_w 的最优反应函数为：

$$\rho_w=\frac{\gamma_w}{\varepsilon_w}s_w \tag{9-30}$$

将式（9-30）代入式（9-27）可得，商家的利益函数 π_m 是关于博主佣金 s_w 和商家营销努力 ρ_m 的函数。将 π_m 以 s_w 和 ρ_m 进行 Hessian 矩阵得：

$$\begin{bmatrix} \dfrac{\partial^2 \pi_{2m}}{\partial s_w^2} & \dfrac{\partial^2 \pi_{2m}}{\partial s_w \rho_{2m}} \\ \dfrac{\partial^2 \pi_{2m}}{\partial \rho_{2m} s_w} & \dfrac{\partial^2 \pi_{2m}}{\partial \rho_{2m}^2} \end{bmatrix}=\frac{2\varepsilon_m \gamma_w^2-\varepsilon_w \gamma_m^2}{\varepsilon_w}>0 \tag{9-31}$$

证实 π_m 存在极大值，分别令 $\dfrac{\partial \pi_m}{\partial s_w}=0$，$\dfrac{\partial \pi_m}{\partial \rho_m}=0$，可得 s_w 和 ρ_m 的最优反应函数为：

$$s_w=\frac{1}{2}\left(r-s_p-\frac{\varepsilon_w(\gamma_p \rho_p+\gamma_m \rho_m)}{\gamma_w^2}\right) \tag{9-32}$$

$$\rho_m=\frac{\gamma_m(r-s_p-s_w)}{\varepsilon_m} \tag{9-33}$$

将式（9-32）和式（9-33）联立方程，可得 s_w 和 ρ_m 的最优决策为：

$$s_w^*=\left(\frac{(r-s_p)(\varepsilon_m \gamma_w^2-\varepsilon_w \gamma_m^2)-\varepsilon_w \varepsilon_m \gamma_p \rho_p}{2\varepsilon_m \gamma_w^2-\varepsilon_w \gamma_m^2}\right) \tag{9-34}$$

$$\rho_m^*=\gamma_m\left(\frac{\gamma_w^2(r-s_p)+\varepsilon_w \gamma_p \rho_p}{2\varepsilon_m \gamma_w^2-\varepsilon_w \gamma_m^2}\right) \tag{9-35}$$

将式（9-34）代入式（9-30）可得 ρ_w 的最优决策为：

$$\rho_w^* = \frac{\gamma_w}{\varepsilon_w} \left(\frac{(r-s_p)(\varepsilon_m \gamma_w^2 - \varepsilon_w \gamma_m^2) - \varepsilon_w \varepsilon_m \gamma_p \rho_p}{2\varepsilon_m \gamma_w^2 - \varepsilon_w \gamma_m^2} \right) \tag{9-36}$$

此时将 s_w^*、ρ_m^*、ρ_w^* 代入到平台利益函数 π_p 中可得：

$$\pi_p = s_p \left(\frac{\dfrac{\varepsilon_m \gamma_w^4}{\varepsilon_w}(r-s_p) + \varepsilon_m \gamma_w^2 \gamma_p \rho_p}{2\varepsilon_m \gamma_w^2 - \varepsilon_w \gamma_m^2} \right) - \frac{\varepsilon_p}{2}\rho_p^2 \tag{9-37}$$

由于 π_p 是关于平台佣金 s_p 和平台营销努力 ρ_p 的函数。将 s_p 以 s_w 和 ρ_p 进行 Hessian 矩阵得：

$$\begin{bmatrix} \dfrac{\partial^2 \pi_p}{\partial s_p^2} & \dfrac{\partial^2 \pi_p}{\partial s_p \rho_p} \\ \dfrac{\partial^2 \pi_p}{\partial \rho_p s_p} & \dfrac{\partial^2 \pi_p}{\partial \rho_p^2} \end{bmatrix} = \frac{4\varepsilon_p \varepsilon_m^2 \gamma_w^6 - 2\varepsilon_w \varepsilon_p \varepsilon_m \gamma_w^4 \gamma_m^2 - \varepsilon_w \varepsilon_m^2 \gamma_w^4 \gamma_p^2}{\varepsilon_w (2\varepsilon_m \gamma_w^2 - \varepsilon_w \gamma_m^2)^2} > 0 \tag{9-38}$$

证实 π_p 存在极大值，分别令 $\dfrac{\partial \pi_p}{\partial s_p}=0$, $\dfrac{\partial \pi_p}{\partial \rho_p}=0$, 可得 s_p、ρ_p 的决策函数为：

$$s_p = \frac{\varepsilon_w \gamma_p \rho_p}{2\gamma_w^2} + \frac{1}{2}r \tag{9-39}$$

$$\rho_p = \frac{\varepsilon_m \gamma_w^2 \gamma_p s_p}{\varepsilon_p (2\varepsilon_m \gamma_w^2 - \varepsilon_w \gamma_m^2)} \tag{9-40}$$

将式（9-39）和式（9-40）联立方程，可得 s_p、ρ_p 的最优决策为：

$$s_p^{**} = \frac{\varepsilon_p (2\varepsilon_m \gamma_w^2 - \varepsilon_w \gamma_m^2)}{2\varepsilon_p (2\varepsilon_m \gamma_w^2 - \varepsilon_w \gamma_m^2) - \varepsilon_w \varepsilon_m \gamma_p^2} r \tag{9-41}$$

$$\rho_p^{**} = \frac{\varepsilon_m \gamma_w^2 \gamma_p}{2\varepsilon_p (2\varepsilon_m \gamma_w^2 - \varepsilon_w \gamma_m^2) - \varepsilon_w \varepsilon_m \gamma_p^2} r \tag{9-42}$$

在得到 s_p^{**}、ρ_p^{**} 的最优决策最后，将其代入到 s_w^*、ρ_m^*、ρ_w^*, 得到 s_w、ρ_m、ρ_w 的最终决策，即不含代其他变量：

$$s_w^{**} = \frac{\varepsilon_p (\varepsilon_m \gamma_w^2 - \varepsilon_w \gamma_m^2) - \varepsilon_w \varepsilon_m \gamma_p^2}{2\varepsilon_p (2\varepsilon_m \gamma_w^2 - \varepsilon_w \gamma_m^2) - \varepsilon_w \varepsilon_m \gamma_p^2} r \tag{9-43}$$

$$\rho_m^{**} = \frac{\gamma_m \varepsilon_p \gamma_w^2}{2\varepsilon_p (2\varepsilon_m \gamma_w^2 - \varepsilon_w \gamma_m^2) - \varepsilon_w \varepsilon_m \gamma_p^2} r \tag{9-44}$$

$$\rho_w^{**} = \frac{\gamma_w}{\varepsilon_w} \left(\frac{\varepsilon_p (\varepsilon_m \gamma_w^2 - \varepsilon_w \gamma_m^2) - \varepsilon_w \varepsilon_m \gamma_p^2}{2\varepsilon_p (2\varepsilon_m \gamma_w^2 - \varepsilon_w \gamma_m^2) - \varepsilon_w \varepsilon_m \gamma_p^2} r \right) \tag{9-45}$$

至此，各主体的最优决策全部求出，将 s_p^{**}、ρ_p^*、s_w^*、ρ_m^{**}、ρ_w^{**} 代入各主体的利益函数中，可得最终的利益分配方案为：

$$\pi_p^{**} = \frac{\varepsilon_p \varepsilon_m \gamma_w^4}{2\varepsilon_w (2\varepsilon_p (2\varepsilon_m \gamma_w^2 - \varepsilon_w \gamma_m^2) - \varepsilon_w \varepsilon_m \gamma_p^2)} r^2 \tag{9-46}$$

$$\pi_m^{**} = \frac{\varepsilon_p^2 \varepsilon_m \gamma_w^4 (2\varepsilon_m \gamma_w^2 - \varepsilon_w \gamma_m^2)}{2\varepsilon_w (2\varepsilon_p (2\varepsilon_m \gamma_w^2 - \varepsilon_w \gamma_m^2) - \varepsilon_w \varepsilon_m \gamma_p^2)^2} r^2 \tag{9-47}$$

$$\pi_w^{**} = \frac{\gamma_w^2 ((\varepsilon_p (\varepsilon_m \gamma_w^2 + \varepsilon_w \gamma_m^2))^2 - (\varepsilon_w \varepsilon_m \gamma_p^2)^2)}{\varepsilon_w (2\varepsilon_p (2\varepsilon_m \gamma_w^2 - \varepsilon_w \gamma_m^2) - \varepsilon_w \varepsilon_m \gamma_p^2)^2} r^2 \tag{9-48}$$

$$\pi^{**} = \pi_p^{**} + \pi_m^{**} + \pi_w^{**} \tag{9-49}$$

因此，在具有低影响力博主的"中高—易"情境下，运用平台主导的分散型利益分配模式和分散决策方法，使整个 SC-CKT 产生的总利益为 π^{**}，平台、商家和博主应该分别分配的利益为 π_p^{**}、π_m^{**}、π_w^{**}。

第三节　集中型模式下的利益分配方法设计

"初—难"情境下，即在集中型利益分配模式下，运用基于三方共同决策及营销努力占比的集中型利益分配方法。在集中型利益分配模式下，由于企业仍然处于初级发展阶段，平台与博主之间的相关性依然很弱，因此，同样分为商家与平台以及商家与博主两部分博弈，且各主体的决策变量与商家主导下的分散型利益分配方法保持一致。集中型利益分配方法采用以集体利益最大化为求解各主体最优策略的标准，分析各主体对合作整体的最优营销努力，求解集体利益最大化的总利益，然后通过各主体最优营销努力占总营销努力的比例与总利益的乘积，完成合理的利益分配。

一、模型说明

将平台、商家和博主作为斯塔克尔伯格模型的三个参与者，分别用 $i=p$，m，w 表示，模型结构如图9-3所示，整个模型可以看作是两部分博弈过程。第一部分是商家与平台之间的博弈，主要博弈为商家和平台应付出多少对合作整体的营销努力，才能使SC-CKT总利益达到最大，第一部分商家和平台的营销努力，分别用 ρ_{1m} 和 ρ_p 表示。第二部分是商家与博主之间的博弈，主要博弈与上一部分保持一致，分别用 ρ_{2m} 和 ρ_w 表示。同时，由于两部分共同构成一个整体的SC-CKT过程，若想实现真正的集体利益最大化，必须融合两部分博弈，实现平台、商家和博主共同决策的集中型利益分配模式。

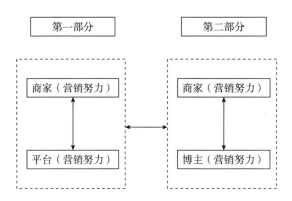

图9-3　集中决策模型

资料来源：笔者自制。

二、集中决策方法

在集中决策下，商家、平台、商家与博主均以实现SC-CKT合作各部分的利益最大化为目标进行决策，此时所有成员的决策函数，即总利益函数为：

$$\pi = r(\gamma_p\rho_p + \gamma_m\rho_{1m} + \gamma_m\rho_{2m} + \gamma_w\rho_w) - \frac{\varepsilon_p}{2}\rho_p^2 - \frac{\varepsilon_m}{2}\rho_{1m}^2 - \frac{\varepsilon_m}{2}\rho_{2m}^2 - \frac{\varepsilon_w}{2}\rho_w^2 \tag{9-50}$$

由式（9-50）可以看出，此时的总利益函数是不含有佣金变量的，即总利益的大小与商家给予平台和博主的佣金大小无关，而是与各主体的营销努力相关。对总利益函数求关于 ρ_p、ρ_{1m}、ρ_{2m}、ρ_w 四个变量的 Hessian 矩阵：

$$\begin{bmatrix} \dfrac{\partial^2\pi}{\partial\rho_p^2} & \dfrac{\partial^2\pi}{\partial\rho_p\rho_{1m}} & \dfrac{\partial^2\pi}{\partial\rho_p\rho_{2m}} & \dfrac{\partial^2\pi}{\partial\rho_p\rho_w} \\[2mm] \dfrac{\partial^2\pi}{\partial\rho_{1m}\rho_p} & \dfrac{\partial^2\pi}{\partial\rho_{1m}^2} & \dfrac{\partial^2\pi}{\partial\rho_{1m}\rho_{2m}} & \dfrac{\partial^2\pi}{\partial\rho_{1m}\rho_w} \\[2mm] \dfrac{\partial^2\pi}{\partial\rho_{2m}\rho_p} & \dfrac{\partial^2\pi}{\partial\rho_{2m}\rho_{1m}} & \dfrac{\partial^2\pi}{\partial\rho_{2m}^2} & \dfrac{\partial^2\pi}{\partial\rho_{2m}\rho_w} \\[2mm] \dfrac{\partial^2\pi}{\partial\rho_w\rho_p} & \dfrac{\partial^2\pi}{\partial\rho_w\rho_{1m}} & \dfrac{\partial^2\pi}{\partial\rho_w\rho_{2m}} & \dfrac{\partial^2\pi}{\partial\rho_w^2} \end{bmatrix} = \begin{bmatrix} -\varepsilon_p & 0 & 0 & 0 \\ 0 & -\varepsilon_m & 0 & 0 \\ 0 & 0 & -\varepsilon_m & 0 \\ 0 & 0 & 0 & -\varepsilon_w \end{bmatrix} \qquad (9-51)$$

由式（9-51）可知，总利益函数 π 存在最大值，分别令 $\dfrac{\partial\pi}{\partial\rho_p}=0$，$\dfrac{\partial\pi}{\partial\rho_{1m}}=0$，

$\dfrac{\partial\pi}{\partial\rho_{2m}}=0$，$\dfrac{\partial\pi}{\partial\rho_w}=0$ 可得：

$$\rho_p^\circ=\frac{\gamma_p}{\varepsilon_p}r,\quad \rho_{1m}^\circ=\frac{\gamma_m}{\varepsilon_m}r,\quad \rho_{2m}^\circ=\frac{\gamma_m}{\varepsilon_m}r,\quad \rho_w^\circ=\frac{\gamma_w}{\varepsilon_w}r \qquad (9-52)$$

通过集中决策方法分析，最终获得了平台、第一部分的商家、第二部分的商家和博主的最优营销努力，分别为 ρ_p°、ρ_{1m}°、ρ_{2m}°、ρ_w°。将其代入式（9-50），可得到在集中决策下，SC-CKT 合作的总利益为：

$$\pi^\circ=\frac{1}{2}\frac{\gamma_p^2}{\varepsilon_p}r^2+\frac{\gamma_m^2}{\varepsilon_m}r^2+\frac{1}{2}\frac{\gamma_w^2}{\varepsilon_w}r^2 \qquad (9-53)$$

在已知各主体最优营销努力和总利益的情况下，可以通过各主体最优营销努力占总营销努力的比例与总利益的乘积确定各主体的利益分配。不妨设 $\rho^\circ=\rho_p^\circ+\rho_{1m}^\circ+\rho_{2m}^\circ+\rho_w^\circ$，则平台最终的利益分配额为：

$$\pi_p^\circ=\frac{\rho_p^\circ}{\rho^\circ}\pi^\circ=\frac{\gamma_p}{2\varepsilon_p}\frac{\varepsilon_w\varepsilon_m\gamma_p^2+2\varepsilon_w\varepsilon_p\gamma_m^2+\varepsilon_m\varepsilon_p\gamma_w^2}{\varepsilon_w\varepsilon_m\gamma_p+2\varepsilon_w\varepsilon_p\gamma_m+\varepsilon_m\varepsilon_p\gamma_w}r^2 \qquad (9-54)$$

商家最终的利益分配额为：

$$\pi_m^\circ=\frac{\rho_{1m}^\circ+\rho_{2m}^\circ}{\rho^\circ}\pi^\circ=\frac{\gamma_m}{\varepsilon_m}\frac{\varepsilon_w\varepsilon_m\gamma_p^2+2\varepsilon_w\varepsilon_p\gamma_m^2+\varepsilon_m\varepsilon_p\gamma_w^2}{\varepsilon_w\varepsilon_m\gamma_p+2\varepsilon_w\varepsilon_p\gamma_m+\varepsilon_m\varepsilon_p\gamma_w}r^2 \qquad (9-55)$$

博主最终的利益分配额为：

$$\pi_w^\circ = \frac{\rho_w^\circ}{\rho^\circ}\pi^\circ = \frac{\gamma_w}{2\varepsilon_w}\frac{\varepsilon_w\varepsilon_m\gamma_p^2 + 2\varepsilon_w\varepsilon_p\gamma_m^2 + \varepsilon_m\varepsilon_p\gamma_w^2}{\varepsilon_w\varepsilon_m\gamma_p + 2\varepsilon_w\varepsilon_p\gamma_m + \varepsilon_m\varepsilon_p\gamma_w}r^2 \qquad (9-56)$$

因此，在"初一难"情境下，运用集中型利益分配模式和集中决策方法，使得整个 SC-CKT 产生的总利益为 π°，平台、商家和博主应该分配的利益分别为 π_p°、π_m°、π_w°。

第四节　合作型模式下的利益分配方法设计

在一个各参与者地位对等，形成具有约束力协议的情况下，各主体侧重于宏观结果获取的博弈，即合作博弈。其一般应用在若干参与者结成联盟，共同协作，争取联盟体的最大利益或者最小成本，再把利益或成本进行系统内部分配的情景（戚湧等，2015）。通过文献的梳理，目前关于合作博弈的利益分配研究，大多采用合作博弈法、纳什谈判法等，其中合作博弈的方法包括 Shapley 值、讨价还价博弈法和核仁法等。结合已有的利益分配研究方法，使用核仁法和讨价还价法不能够得到唯一解，且解为空集的概率较高；纳什谈判法是一种均分合作剩余的思想，对于存在各主体表现差异的以上情景并不适用（Kamiyama 等，2013）。通过排除法，Shapley 值法满足集体合理性，同时又具有虚拟性、对称性、可加性。因此，该模式下，本书采用合作博弈的合作方法——Shapley 值法作为利益分配方法。合作型利益分配模式通过确定该次知识转移形成的总利益以及所有影响知识转移的因素，同时界定各因素的权重，按照各参与者的权重比例分配整块"蛋糕"，找到一个让所有参与者满意的方案，合作博弈的具体利益分配方法为：基于以边际贡献为依据的 Shapley 值法，同时引入基础准备部分的参与人特征和努力程度要素，转移阶段部分的重要程度以及风险要素，采取主观赋权法中的层次分析法和客观赋权法中的逼近理想点法相结合的方法确定修正系数，最终完成基于修正的 Shapley 值法的合作型利益分配方法，完成合理的利益分配。

一、利益分配原则

在基于合作的利益分配模式研究中，本书遵循以下四个利益分配原则：

1. 注重结果

分配结果的合理性决定了各参与主体是否感知满意，主要针对最终结果和质量，在保证分配理性的情况下，以合理的分配作为激励手段，刺激各参与者就知识转移过程形成正循环（董新凯等，2015）。

2. 切实可行

任何评价指标体系的构建都是为了服务实践，解决现实问题。知识转移过程中往往涉及模糊、虚拟及难以定量的参数，同时评估结果基本上也是定性的描述，评估结论是很差、差、中等、好、很好中的某一个，因此，在研究的过程中，应当寻找在现实中容易操作、简便易行的指标保证数据收集的可行性（祝琳琳，2021）。

3. 突出重点

利益分配的各影响要素的重要程度是不同的，在选取指标时应该充分理解 SC-CKT 的本质和重点，对于重要程度高的要素相对于低的要素理应得到较大的权重。本书采用层次分析法和 TOPSIS 法等，在保证影响因素完整性的基础上，尽可能地做到各因素分配权重的合理性。

4. 合作共赢

知识转移活动最终获取较好的社会效果和经济效果是各参与者的共同目的，利益的分配应该保证参与方都"有利可图"，形成相互信任的合作关系。分配方法应该使各参与者的基本利益得到充分的保证，以不破坏合作伙伴关系为最低标准。

二、基于 Shapley 值的利益分配模型研究

1. 模型说明

基于上述原则，该模式以合作博弈中的 Shapley 值法为基础，同时寻找相关

影响利益分配的要素，通过层次分析法确定各要素的权重，对仅以贡献作为唯一参考要素的 Shapley 值法进行改进，最终基于 AHP 法和 TOPSIS 法确定利益分配的修正模型，得到合理的利益分配方案。

　　Shapley 值法是合作博弈的中众多解中应用最为广泛的方法。在 n 人合作博弈中，N= {1, 2, …, n} 为全部参与者的集合，i∈N 为第 i 个局中人；假设 S 是 SC-CKT 的一个联盟，联盟内包含博主、商家和平台，任一合作联盟 S 是 N 中任意一个非空子集，|S|表示集合 S 中的人数。特征函数用来表示联盟在各种策略下能够获得的最大收益，本书参与者的合作收益以实值函数 V（S）来定义，该函数首先需要满足两个条件：

$$V（\emptyset）= 0，\emptyset\text{ 为空集} \tag{9-57}$$

$$V\{S_1, S_2\} \geqslant V\{S_1\} + V\{S_2\} \tag{9-58}$$

　　式（9-57）表示当集合为空时，创造的收益为 0；式（9-58）内 S_1，S_2 表示相互独立的两个子集，其中两个子集在合作时的收益不小于单独工作的收益。两个公式体现了"整体大于局部之和"的系统思想，意味着合作伙伴合作的收益比不合作时多，合作不会损害个体收益，且所有合作伙伴都合作时收益最大。

　　把 SC-CKT 当作一个合作博弈（N，V），N 中包含三个参与者：博主、商家、平台，V 即不同合作联盟所能获得的联盟收益。Shapley 值法求解该合作博弈的具体计算为：

$$\varphi_i（V）= \sum_{i \in S} W（|S|）\big[V(S) - V(S \backslash i)\big]\}，i = 1，…，n \tag{9-59}$$

$$W（|S|）= \frac{(n-|S|)!\ (|S|-1)!}{n!} \tag{9-60}$$

　　设想 n 个参与人按照随机的顺序加入联盟 N，共有 n! 种排列顺序，每一种排列顺序的概率都相等，为 $\frac{1}{n!}$。赋予联盟 S 的权重是在随机排序（i_1, i_2, …, i_n）中，排在参与人 i 之前的参与人恰好是 S 中成员的概率，对于 N 的随机排序中，由于参与人 i 参与联盟 S 时存在的排列有（|S|-1）! 种，而剩余的后面的（n-|S|）个参与人的排列有（n-|S|）! 种，那么形成联盟 S 的总排列就共有（|S|-1）!

$(n-|S|)!$ 种，所以形成联盟 S 的概率就是 $\dfrac{(n-|S|)!\ (|S|-1)!}{n!}$。参与人 i 对联盟 S 的边际贡献为 V（S）-V（S\i），因此，Shapley 值就是参与人 i 在联盟 S 中的边际贡献与概率的乘积求和，即期望值。

2. 边际贡献

已知 SC-CKT 过程中的主要利益相关者包括博主、商家和平台，赋予其 i 值分别为 1、2、3，则 S 存在的集合包括 {∅}、{1}、{2}、{3}、{1, 2}、{1, 3}、{2, 3}、{1, 2, 3}。下面对各参与主体的分配额进行计算，注以（a，b，c）三维向量来表示各集合中博主、商家和平台的贡献情况。

仅包含一个元素的集合有 {1}、{2}、{3}，这些集合代表各参与者没有实施合作行为，在知识转移的过程中，仅仅依靠自身贡献创造价值。{1} 表示知识转移过程仅有博主参与，通过一些其他渠道发布知识，这些知识可能会包括相关的产品或品牌推广，但由于没有和商家及平台达成合作，导致可信度差和传播渠道少等问题，这时也可能会产生产品或品牌的传播贡献以及自身影响力的提升，但往往效果甚微，以（X_1，0，0）表示，其创造的总收益为 X_1；{2} 表示商家在未与相关平台及博主达成合作的情况下，通过品牌官方渠道及其他传播渠道，以发布广告或软文的形式，对产品或品牌起到传播效果和销售收益，此时产生的收益以（0，γ_1，0）表示，其创造的总收益为 γ_1；{3} 表示在博主和商家都没有参与的情况下，平台作为一个双边市场，以专家生成内容（PGC）的形式为品牌社区造势，形成平台品牌价值，此时的知识转移贡献以（0，0，Z_1）表示，其创造的总收益为 Z_1。

包含两个以上的元素的集合有 {1, 2}、{1, 3}、{2, 3}、{1, 2, 3}，这些集合代表参与者积极地寻求与其他参与者的合作，由于资源共用，优势互补等原因，最终实现"1+1>2"的效果（孙新波等，2015）。{1, 2} 表示在商家提供产品和品牌支持，且平台没有参与的情况下，博主通过其他非平台渠道发布知识的情况。在合作的过程中，商家将产品或品牌及相关信息提供给博主，博主通过自身体验进行评价，此时博主得到商家品牌的信任背书，获得该品牌为其带来的影响力提升，商家获得博主的流量加持，获得相应的传播效果和收益，该集合的贡献以（X_2，γ_2，0）表示，即该集合创造的贡献总和为 $X_2+\gamma_2$。由于两者相互合作，形成资源互补，联盟产生的贡献远大于博主和商家未合作的贡献，即 $X_2+\gamma_2>X_1+\gamma_1$。｛1，3｝表示博主在未与商家合作的情况下，博主在平台上发布知识，此时由 PGC 模式转换为用户生成内容的 UGC 模式。在合作的过程中，平台为博主完善相应的知识转移环境及功能，并提供平台的信任背书，博主通过自身的个人经历、购物体验等方面进行知识转移，此时博主获得平台专属的影响力，平台与博主合作，完善平台社区氛围，可能会提升平台的品牌价值，将博主和平台产生的贡献之和，以（X_3，0，Z_2）表示，即该集合创造的贡献总和为 X_3+Z_2。两者的合作生成了较大的流量池，并得以变现，因此，联盟的贡献远大于博主和平台单独做出的贡献，即 $X_3+Z_2>X_1+Z_1$。｛2，3｝表示平台与商家合作销售商品，类似 B2C 模式。商家通过平台流量加持，增加了一个强有力的销售和传播渠道，能够销售出更多商品和产生更多的产品利润的同时，产品和品牌也获得强大的传播力度，平台因为商家的加盟，同样在提升自身体量的同时，也会产生平台的品牌形象，以（0，γ_3，Z_3）表示该联盟的贡献，即该集合贡献之和为 γ_3+Z_3。两者的合作，完成了产品品牌与平台之间的绑定，得到顾客的双重信任，因此，联盟的贡献远大于商家和平台单独做出的贡献，即 $\gamma_3+Z_3>\gamma_1+Z_1$。｛1，2，3｝表示一个完整的合作，拥有未完全合作状态下联盟所不具备的优势，即形成知识转移的闭环。该联盟包含博主、商家和平台，平台为博主和商家提供知识转移的环境、产品上架的功能、平台的信任背书以及流量加持、商家与博主和平台展开亲密合作，提供产品品牌及相关信息，博主在平台和商家的支持下，完成知识转移，在提升自身影响力的同时，反哺商家与平台，提升商家品牌价值，产品销量及平台品牌价值，为下一次的知识转移提供背书。该联盟的贡献包括博主影响力的提升，产品利润、产品或品牌的传播以及平台品牌形象的提升。此时该联盟的贡献以（X_4，γ_4，Z_4）表示，即该集合的贡献之和为 $X_4+\gamma_4+Z_4$。完整合作的贡献远大于未合作状态下联盟的贡献，即 $X_4+\gamma_4+Z_4>X_1+\gamma_1+Z_1$。该联盟收益的具体测量如下：

（1）博主影响力的提升作为收益之一，具体表现为该博文为博主带来的粉丝量或流量变现能力的增长，需要通过相关二手数据和平台规则确定粉丝量与货币价值的关系，以及寻找流量变现的测算方式。

（2）产品利润=（产品价格-成本）×销售量，价格和销售量在平台上均可查到，成本需要咨询商家或查看企业报表。

（3）产品或品牌的传播最终带来的收益是品牌价值的增值，考虑的测量方法为：

$$品牌价值增值=\frac{该博文的曝光量}{品牌在全平台的总曝光量}×该时段品牌估值增值。$$

将该联盟某一时段为品牌估值增值所做贡献占比，以该联盟中博文在全平台博文曝光量所占比例代替，利用该权重与品牌估值增值的乘积确定该博文为品牌增值做出的努力。博文曝光量可以通过平台数据中的浏览量进行代替，估值的增值通过相关咨询报道了解。

（4）平台品牌形象最终带来的收益为平台估值增值，与品牌价值增值类似，考虑的测量方法为：

$$平台估值增值=\frac{该博文的曝光量}{全平台总博文的曝光量}×该时段平台估值增值。$$

根据表9-1中最后一行四个值相加可得到博主在Shapley值法下的利益分配额为：

$$\varphi_1(V)=\frac{1}{3}X_1+\frac{1}{6}(X_2+\gamma_2-\gamma_1)+\frac{1}{6}(X_3+Z_2-Z_1)+\frac{1}{3}(X_4+\gamma_4+Z_4-\gamma_3-Z_3) \quad (9-61)$$

表9-1　包含博主的集合

S_1	{1}	{1, 2}	{1, 3}	{1, 2, 3}
贡献向量	$(X_1, 0, 0)$	$(X_2, \gamma_2, 0)$	$(X_3, 0, Z_2)$	(X_4, γ_4, Z_4)
$V(S)$	X_1	$X_2+\gamma_2$	X_3+Z_2	$X_4+\gamma_4+Z_4$
$V(S/i)$	0	X_1	Z_1	X_3+Z_2
$V(S)-V(S/i)$	X_1	$X_2+\gamma_2-X_1$	$X_3+Z_2-Z_1$	$X_4+\gamma_4+Z_4-X_3-Z_2$
$|S|$	1	2	2	3

续表

S_1	$\{1\}$	$\{1, 2\}$	$\{1, 3\}$	$\{1, 2, 3\}$
$W(\vert S\vert)$	$\dfrac{1}{3}$	$\dfrac{1}{6}$	$\dfrac{1}{6}$	$\dfrac{1}{3}$
$W(\vert S\vert)(V(S)-V(S/i))$	$\dfrac{1}{3}X_1$	$\dfrac{1}{6}(X_2+\gamma_2-X_1)$	$\dfrac{1}{6}(X_3+Z_2-Z_1)$	$\dfrac{1}{3}(X_4+\gamma_4+Z_4-X_3-Z_2)$

资料来源：笔者自制。

根据表9-2中最后一行四个值相加可得到商家在 Shapley 值法下的利益分配额为：

$$\varphi_2(V)=\frac{1}{3}\gamma_1+\frac{1}{6}(X_2+\gamma_2-X_1)+\frac{1}{6}(\gamma_3+Z_3-Z_1)+\frac{1}{3}(X_4+\gamma_4+Z_4-X_3-Z_2) \quad (9-62)$$

表 9-2　包含商家的集合

S_2	$\{2\}$	$\{1, 2\}$	$\{2, 3\}$	$\{1, 2, 3\}$
贡献向量	$(0,\ \gamma_1,\ 0)$	$(X_2,\ \gamma_2,\ 0)$	$(0,\ \gamma_3,\ Z_3)$	$(X_4,\ \gamma_4,\ Z_4)$
$V(S)$	γ_1	$X_2+\gamma_2$	γ_3+Z_3	$X_4+\gamma_4+Z_4$
$V(S/i)$	0	X_1	Z_1	X_3+Z_2
$V(S)-V(S/i)$	γ_1	$X_2+\gamma_2-X_1$	$\gamma_3+Z_3-Z_1$	$X_4+\gamma_4+Z_4-X_3-Z_2$
$\vert S\vert$	1	2	2	3
$W(\vert S\vert)$	$\dfrac{1}{3}$	$\dfrac{1}{6}$	$\dfrac{1}{6}$	$\dfrac{1}{3}$
$W(\vert S\vert)(V(S)-V(S/i))$	$\dfrac{1}{3}\gamma_1$	$\dfrac{1}{6}(X_2+\gamma_2-X_1)$	$\dfrac{1}{6}(\gamma_3+Z_3-Z_1)$	$\dfrac{1}{3}(X_4+\gamma_4+Z_4-X_3-Z_2)$

资料来源：笔者自制。

根据表9-3中最后一行四个值相加可得到平台在 Shapley 值法下的利益分配额为：

$$\varphi_3(V)=\frac{1}{3}Z_1+\frac{1}{6}(X_3+Z_2-X_1)+\frac{1}{6}(\gamma_3+Z_3-\gamma_1)+\frac{1}{3}(X_4+\gamma_4+Z_4-X_2-\gamma_2) \quad (9-63)$$

$$V(N)=\sum_{i=1}^{n}\varphi_i(V),\ i=1,\ 2,\ \cdots,\ n \quad (9-64)$$

表 9-3　包含平台的集合

S_3	$\{3\}$	$\{1, 3\}$	$\{2, 3\}$	$\{1, 2, 3\}$
贡献向量	$(0, 0, Z_1)$	$(X_3, 0, Z_2)$	$(0, \gamma_3, Z_3)$	(X_4, γ_4, Z_4)
$V(S)$	Z_1	X_3+Z_2	γ_3+Z_3	$X_4+\gamma_4+Z_4$
$V(S/i)$	0	X_1	γ_1	$X_2+\gamma_2$
$V(S)-V(S/i)$	Z_1	$X_3+Z_2-X_1$	$\gamma_3+Z_3-\gamma_1$	$X_4+\gamma_4+Z_4-X_2-\gamma_2$
$\mid S\mid$	1	2	2	3
$W(\mid S\mid)$	$\dfrac{1}{3}$	$\dfrac{1}{6}$	$\dfrac{1}{6}$	$\dfrac{1}{3}$
$W(\mid S\mid)(V(S)-V(S/i))$	$\dfrac{1}{3}Z_1$	$\dfrac{1}{6}(X_3+Z_2-X_1)$	$\dfrac{1}{6}(\gamma_3+Z_3-\gamma_1)$	$\dfrac{1}{3}(X_4+\gamma_4+Z_4-X_2-\gamma_2)$

资料来源：笔者自制。

三、基于修正的 Shapley 值利益分配模型研究

使用 Shapley 理论求解防止了对收益的平均分配，目前学者们经常采用该方法研究多方合作的利益分配问题，然而随着对多方合作利益分配研究的深入，学者们发现 Shapley 值法仅参考边际贡献来分配收益存在一定的片面性，于是基于此方法，也根据 SC-CKT 合作的特性，加入了除边际贡献以外的因素进行修正（王选飞，2017）。根据 SC-CKT 的情景，参与者特征、努力程度、重要程度以及风险都对最终的利益分配起着重要的影响，因此单一的 Shapley 值法解答这类问题显然有失偏颇，需要对其修正，使得收益分配模型更具科学性、合理性。对于 Shapley 值法的修正，主要办法是解决仅考虑单一贡献因素的弊端，根据研究的具体情境，增加影响利益分配的因素，通过层次分析法确定增加要素的权重以及利用 TOPSIS 法解决各要素之间的非线性关系，最终实现全面考虑的修正 Shapley 值法。

1. 利益相关者利益分配的影响因素分析

SC-CKT 分为两个部分，各参与者在合作之前的知识转移基础准备部分，包括参与人特征和为实现合作付出的努力，分别用 ξ_i 和 ρ_i 表示；在合作的过程中，

即转移阶段部分，需要考虑各参与者的重要程度以及承担的风险，记为 Y_i 和 R_i。

在基础准备部分，包含两个要素：参与者特征和努力程度。前者代表了参与者的"天赋"，即自身具有的能够影响知识转移的能力；后者代表了参与者的"努力"，即自身在该次知识转移过程之前提前做出的努力表现。"天赋"和"努力"两者不可或缺，相辅相成，但两者的权重并非相同，需要通过专家评价法进行界定。

不同的参与者特征会影响 SC-CKT 的效果，因此，根据参与者特征分配知识转移的利益是合理的。Szulanski（1996）认为，知识转移强调知识运动，而运动成效依赖于参与者特征；Joshi 等（2007）指出，知识转移是沟通的过程，而沟通的效果取决于参与者特征；Ko（2005）和鲍会鹏等（2015）同样发现，参与者特征对知识转移具有显著影响。许多学者就参与者特征影响 SC-CKT 的观点给出了肯定的意见，在 SC 情景下更是如此，SC-CKT 的参与者包括博主、商家和平台，三者本身具有的特征是不同的，却都对知识转移的影响显著。对博主而言，其主要特征为影响力，即通过知识转移影响受众产生购买行为的能力。博主的影响力的大小在很大程度上决定了该次知识转移的受众数量，因此，相比影响力小的博主，较大的影响力应得到更多的利益分配额。博主在该平台的粉丝量是其影响力最直接且直观的体现，同时粉丝量存在于平台数据中，较易获取。根据 SC 行业现状，将该次 SC-CKT 中博主的粉丝量所对应的得分以 ξ_1 代替，将博主粉丝量大小区间分为：极少、行业平均以下、行业平均、行业平均以上、极多，对以上五个区间分别赋予 ξ_1 为 a、b、c、d、e，其中 $a<b<c<d<e$。对于商家而言，其主要特征为品牌知名度，即潜在消费者在 SC-CKT 的过程中，认识或记起某类品牌的能力。品牌知名度的高低在一定程度上决定了该次知识转移的购买基数，因此，相比低知名度的品牌，较高的品牌知名度应得到更多的利益分配额。品牌的价值或估值可以在一定程度上代表品牌知名度，通过品牌相关报告查看该品牌在其相关行业的价值以及对应的知名度表现。将该次 SC-CKT 中商家的知名度所对应的得分以 ξ_2 表示，同博主粉丝量的测算方法一样，将知名度分为五个区间，并同样赋予 ξ_2 为 a、b、c、d、e；对于平台而言，其主要特征为平台的体

量，其可以由很多指标代替，如平台用户注册量、一段时间内的商品交易总额（GMV）、日活跃用户量（DAU）和月活跃用户量（MAU）等。在较小规模的平台上进行知识转移，一般不会出现超出平台规模的流量，平台体量的大小在一定程度上决定了该次知识转移的推广上限，因此，相比体量较小的平台，较大规模应得到更多的利益分配额。将该次 SC-CKT 中平台的体量所对应的得分以 ξ_3 表示，与上两个参与特征的测算办法相同。设在基础阶段各参与者根据主体特征分得的利益为 ξ_i，则各参与者的利益分配调整为：

$$\varphi_{\xi i} = \frac{\xi_i}{\displaystyle\sum_{i=1}^{n} \xi_i}, \quad i = 1, \cdots, n \tag{9-65}$$

在知识转移活动的基础准备部分，各参与者的努力程度在一定程度上决定了产生利益的大小，因此各主体的努力程度作为基础准备部分重要的影响因素是合理的。周衍平等（2021）认为，各参与者在合作过程中是否足够努力将直接影响到联盟运营绩效；王智生等（2016）表示联盟在合作时所表现出来的努力程度等能够促进知识转移，达到知识溢出的状态；蒋天颖等（2012）指出，知识转移带有强烈的目的性，明显受到参与主体主观努力的影响；付东普（2014）发现支持转移参与者付出的努力较少或个人学习能力较差时，会负面影响知识转移的绩效。学者们一致认可参与者的努力程度会影响知识转移的效果，将其代入 SC 行业同样适用，引入努力程度要素也同时解决了 Shapley 值法很可能导致"搭便车"行为的发生。平台需要建设基础设施、完善知识转移的环境和功能、提供顾客观看知识和商家销售商品的渠道，以及把顾客的建议落实到设计、生产、销售的各个环节当中去等，这些工作都需要很强的管理能力。付出较多努力的平台，能够在知识转移的过程中，给博主、商家以及受众带来更加良好的体验，因此，相较懒散，努力的平台应得到较多的利益分配额；博主需要脚本撰写、视频拍摄、产品体验等、内容修正以及积极加入社区的讨论，征求并采纳各参与者及受众的意见等；商家需要产品提供、对博主的知识转移提供服务、对平台的知识传播提供服务、落实顾客意见等，因此，相较消极，积极的博主和商家应得到较多的利益分配额。根据 SC 行业的现状，将该次 SC-CKT 中各参与者努力得分以 ρ_i 代替，采用与测算参与者特征同样的区间和赋值办法，则各参与主体的利益分配调整为：

$$\varphi_{\rho i} = \frac{\rho_i}{\sum\limits_{i=1}^{n} \rho_i}, \quad i = 1, \cdots, n \tag{9-66}$$

转移阶段是指知识转移活动过程中需要考虑的影响因素，从已有的研究中可以发现，SC-CKT 主要集中于推广阶段，不涉及研发和生产。例如，甘春梅等（2018）指出，SC 的出现和发展极大地改变了用户的购买和决策的过程；洪志文等（2015）表示，在 SC 发展过程中，顾客基于社交媒体进行市场营销、销售、比较和购买等行为。SC-CKT 过程中涉及的产品是已存在的，该行为只是让更多的人了解该品牌、产品属性等，以便促进更好地使用，辨识出对其最有用的产品选择购买，整个过程并未涉及研发、设计等阶段，只是集中在产品的推广阶段。

知识转移阶段是为产品推广服务的，平台、博主和商家都需要参与其中，为知识转移的成功做出努力。为做好各主体之间的合理利益分配，本书经过多方面的考虑，决定将各主体的重要程度和风险两个因素作为利益分配的主要参考依据。一方面，知识转移活动的顺利进行离不开各主体为此做出的贡献和承担的各种风险，同时各主体在知识转移的过程中所承担角色的重要程度不同，有的主体是主要参与者，而有的主体是次要的，需要加以区分。另一方面，本书的利益分配只看重知识转移结果，没有将投入作为利益分配的参考因素。由于主体特征差异和欺骗行为的存在，导致投入很难量化，如时间、精力等的测量，可以选择平台的数据作为顾客的在线时间的依据，但顾客在线下的时间却无法精准获得，同时由于顾客本身的差异，高投入并未能够带来高产出。下文就两个要素的测量及分配标准进行系统的描述。

多方合作下，各参与者受到自身能力、分工及与其他合作成员关系等因素的影响，使得各主体在合作过程中的地位、重要程度及利益分配的控制力度有所差异，可采取节点法对各主体进行重要程度分析（葛秋萍，2018）。在 SC 知识转移的过程中，各参与者的存在与否直接影响总利益的大小，因此将参与者的重要程度作为知识转移过程中的利益分配影响因素是合理的。以 Y 为整个参与人之间的节点数量，Y_i 为节点 i 的连接度，如图 9-4 所示，平台作为知识转移过程的核心，是实现知识转移的直接场所，博主和商家相互合作，同时博主在转移过程中具有受众的支持。由于受众并非单一的个体，受众的数量同样会决定各主体的重要程度，同时受众与平台、博主和商家不属于同一量级，因此设单位受众 X 作为同量级单位个体，一个单位受众可能包括一至多个受众，如 500 位受众为一个单位受众，其受具体情景影响。将每个参与者的节点连接度与所有参与者之和作商，得到归一化处理后的结果，则各参与主体的利益分配调整为：

$$\varphi_{Yi} = \frac{Y_i}{\sum_{i=1}^{n} Y_i}, \quad i = 1, \cdots, n \tag{9-67}$$

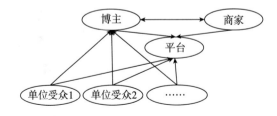

图 9-4　节点图

资料来源：笔者自制。

通过公式计算出平台、博主、商家和受众的重要程度，将其归一化处理后如表 9-4 所示：

表 9-4　参与人的重要程度

受众单位	重要程度			
	博主（Y_1）	商家（Y_2）	平台（Y_3）	受众（Y_4）
0	$\frac{1}{4}$	$\frac{1}{4}$	$\frac{2}{4}$	0

续表

受众单位	重要程度			
	博主（Y_1）	商家（Y_2）	平台（Y_3）	受众（Y_4）
1	$\dfrac{2}{6}$	$\dfrac{1}{6}$	$\dfrac{3}{6}$	0
2	$\dfrac{3}{8}$	$\dfrac{1}{8}$	$\dfrac{4}{8}$	0
3	$\dfrac{4}{10}$	$\dfrac{1}{10}$	$\dfrac{5}{10}$	0
⋮	⋮	⋮	⋮	⋮
x	$\dfrac{x+1}{2\,(x+2)}$	$\dfrac{1}{2\,(x+2)}$	$\dfrac{1}{2}$	0

资料来源：笔者自制。

Y_i 受 x 的影响，Y_1 随着 x 的增加而增加，取值范围为 $\left[\dfrac{1}{4}, \dfrac{1}{2}\right)$；$Y_2$ 随着 x 的增加而减少，取值范围为 $\left(0, \dfrac{1}{4}\right]$；$Y_3$ 无论受众单位是多少，始终是 $\dfrac{1}{2}$；Y_4 的重要程度始终是 0。

利益分配不仅要体现"多劳多得"的原则，还应该具有"风险与收益相对应"的体现，适当增加承担较大风险主体的利益分配比重是合理的，即风险越大，分配的利益则越多，反之亦然，要为承担较多风险的主体补偿一定的利益。风险指由于知识本身的复杂性以及在知识转移的过程中所出现的影响转移效果的不确定性，其会影响参与者在转移过程中的决策和行动，从而影响最终收益的实现。关于多方合作下的利益分配研究，许多学者认为风险是一个不可或缺的因素（张瑜等，2016）。在 SC 情境下，参与者在知识转移的过程中承担的风险越大，其期望收益就会越大，若参与者认为得到的利益分配额不足以弥补承担的风险，那么合作就会瓦解。

首先，我们在对知识转移风险识别的基础上，建立 SC-CKT 的风险指标，如

图9-5所示，SC-CKT情景下的风险因素包含三个一级指标，分别为"维护平台的管理风险""知识转移过程中的风险"，以及"采纳顾客意见之后的风险"，其中"维护平台的管理风险"对应两个测量指标："投入的资源不能达到理想营销和变现效果的风险"和"面临经营不善导致资本无法收回的风险"；"知识转移过程中的风险"对应三个测量指标"信息共享风险""共享合作企业违约的风险"和"形象损毁的风险"；"采纳顾客意见之后的风险"包含一个测量指标："可能存在'走弯路'或'走错路'的风险"。

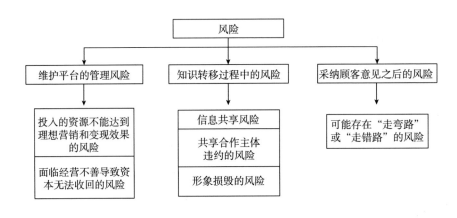

图9-5　风险指标

资料来源：笔者自制。

其次，本书采用专家打分法来确定知识转移过程中各参与主体的风险承担系数，专家主要对六个风险评价指标以及各主体在不同风险评价指标下承担的风险权重进行打分。专家由该行业专家、企业高管和研究该领域的学者构成，可根据现实情景选择专家数量。已知SC-CKT由3个参与者组成，共包含6个风险评价指标，假设有f个专家给予评分，各个专家的权重记为 $w_l = (w_1, w_2, \cdots, w_f)$，$l=1, 2, \cdots, f$。

专家给各风险评价指标的打分为 r_{ml}^l，表示为第m个专家对第l风险评价指标的打分，则风险评价指标的评价矩阵为：

$$r^1 = \begin{pmatrix} r_{11}^1 & \cdots & r_{16}^1 \\ \vdots & \ddots & \vdots \\ r_{f1}^1 & \cdots & r_{f6}^1 \end{pmatrix} \qquad (9-68)$$

以上 6 个风险指标的加权评分为：

$$\sigma = (\sigma_1, \ \sigma_2, \ \cdots, \ \sigma_6) = (w_1, \ w_2, \ \cdots, \ w_f) \begin{pmatrix} r_{11}^1 & \cdots & r_{16}^1 \\ \vdots & \ddots & \vdots \\ r_{f1}^1 & \cdots & r_{f6}^1 \end{pmatrix} \qquad (9-69)$$

然后计算各参与者在承担风险情况下的各风险指标的得分，记各个专家给参与主体的风险指标打分为 r_{li}^2，其表示专家对三个参与主体风险指标 l 的打分。则各参与者加权风险打分为：

$$R = (R_1, \ R_2, \ \cdots, \ R_i) = \sigma \begin{pmatrix} r_{11}^2 & \cdots & r_{1i}^2 \\ \vdots & \ddots & \vdots \\ r_{61}^2 & \cdots & r_{6i}^2 \end{pmatrix} \qquad (9-70)$$

其中，R_1，R_2，$\cdots$，R_i 分别表示 i 个联盟的加权风险。将其进行归一化处理，则各利益相关者的利益分配系数调整为：

$$\varphi_{Ri}(V) = \frac{R_i}{\sum_{i=1}^{n} R_i}, \ i = 1, \ 2, \ \cdots, \ n \qquad (9-71)$$

2. 基于 AHP-TOPSIS 方法的利益分配模型

前文提到的两大部分的四种影响因素对利益分配的影响大小不一，因而在利益分配时，应综合考虑上述各因素的权重。权重的确定方法包括主观赋权法、客观赋权法和混合赋权法三类。主观赋权法认为权重的本质是各评价指标相对于评价目标相对重要程度的量化值，原始数据来源于专家的主观经验判断。常用的主观赋权法主要有层次分析法（AHP）、德尔菲法和情景分析法。客观赋权法认为指标权重的大小应取决于各评价指标值数列离散程序的相对大小。即评价指标值间的差异度越大，则赋予的权重值也越大，反之则越小，如熵权法、逼近理想点法（TOPSIS）、主成分分析法等。为充分利用主客观赋权法的优点，避免其中的不足，学者们提出了混合赋权法，即通过主观赋权法与客观赋权法的权重数进行组合，得到更加合理的综合权重值。

本书基于合作的利益分配模式情景，结合相关的利益分配原则，采用层次分析法和逼近理想点法（AHP-TOPSIS）的混合赋权法。一方面，将主、客观方法相结合既能兼顾决策者对指标的偏好，又能减少赋权的主观随意性，从而使主观与客观的赋权达到统一，进而使各因素赋予的权重更加真实、可靠（孙瑞山等，2016）。另一方面，将层次分析法和逼近理想点法相结合是解决利益分配问题较为适用的方法之一，该方法被很多学者采用。项勇等（2014）将采用层次分析法分析各指标的关系，同时引入逼近理想点法对指标的程度进行比较；陈越等采用AHP法确定了各级指标的权重，同时建立了基于TOPSIS的评估和排序模型。综合考虑后，本书采用AHP法给予每个因素赋予权重，基于TOPSIS法对各因素的重要程度进行排序，求得各参与主体的利益分配额，从而得到最终的利益分配方案。

（1）基于层次分析法确定权重。

层次分析法是美国运筹学家萨蒂（T. L. saaty）于20世纪70年代初提出来的，是一种将定性问题定量化的方法。评价者首先分析包含的影响因素，将其分解成多个层次，并通过对层次中两两元素间进行比较形成判断矩阵，从而得到评价指标间的相对重要程度的一种方法（章玲等，2014）。图9-6介绍了层次分析法的整体步骤，下面将逐步描述。

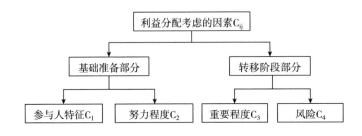

图9-6 层次分析结构

资料来源：笔者自制。

1）建立影响因素的层次分析结构图。

2）构造判断矩阵。

通过对层次中两两元素间进行比较，进而确定四个元素的重要性大小。对前者因素相对于后者因素的重要性赋予相应的数值，判断矩阵如表 9-5 所示：

表 9-5 判断矩阵

C_{ij}	C_1	C_2	C_3	C_4
C_1	$C_{11}=1$	C_{12}	C_{13}	C_{14}
C_2	C_{21}	$C_{22}=1$	C_{23}	C_{24}
C_3	C_{31}	C_{32}	$C_{33}=1$	C_{34}
C_4	C_{41}	C_{42}	C_{43}	$C_{44}=1$

资料来源：笔者自制。

上述矩阵中：$C_{ij}>0$，$C_{ij}=1/C_{ji}$（$i\neq j$）；$C_{ij}=1$（i，$j=1$，2，3，4），为了使决策定量化，并形成数值判断矩阵，本书采用九分位比率标度法，如表 9-6 所示：

表 9-6 九分位比率标度法

序号	重要性程度	C_{ij} 赋值
1	i，j 同等重要	1
2	i 比 j 略微重要	3
3	i 比 j 重要	5
4	i 比 j 强烈重要	7
5	i 比 j 极端重要	9

资料来源：笔者自制。

3）检验判断矩阵的一致性。

为了保持专家在指标判断时的不矛盾性，需要对判断矩阵进行一致性检验。度量判断矩阵偏离一致性的指标为：

$$CI=\frac{\lambda_{max}-n}{n-1} \qquad (9-72)$$

4 阶判断矩阵的平均随机性指标 RI 为 0.9，则若判断矩阵满足 $CR=\dfrac{CI}{RI}<0.10$，

则判断矩阵具有一致性。否则，专家打分值需要重新调整，直至满足为止。

4）权重计算。

本书使用迭代法计算近似的最大特征根与对应的特征向量（见图9-7）。输出 ω_j 值作为修正 Shapley 值法下基于参与人特征、努力程度、重要程度和风险因素的权重。

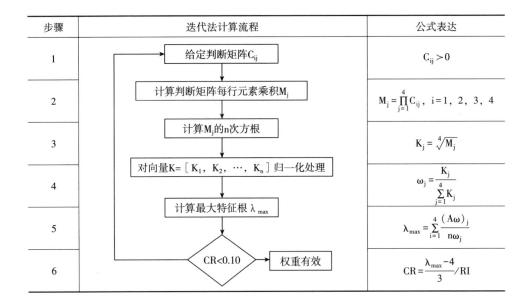

步骤	迭代法计算流程	公式表达
1	给定判断矩阵 C_{ij}	$C_{ij} > 0$
2	计算判断矩阵每行元素乘积 M_j	$M_j = \prod_{j=1}^{4} C_{ij}$，$i = 1,2,3,4$
3	计算 M_j 的 n 次方根	$K_j = \sqrt[4]{M_j}$
4	对向量 $K = [K_1, K_2, \cdots, K_n]$ 归一化处理	$\omega_j = \dfrac{K_j}{\sum\limits_{j=1}^{4} K_j}$
5	计算最大特征根 λ_{max}	$\lambda_{max} = \sum\limits_{i=1}^{4} \dfrac{(A\omega)_j}{n\omega_j}$
6	CR<0.10 权重有效	$CR = \dfrac{\lambda_{max} - 4}{3} / RI$

图 9-7　层次分析法步骤

资料来源：笔者自制。

（2）基于 TOPSIS 法确定修正模型。已有研究对修正 Shapley 值法的各要素权重进行赋权时，常采取线性加权的方法，如式（9-73）所示，这样的做法没有充分考虑到各要素之间的非线性关系，因此，需要寻找一种能够全面考虑各要素关系的方法，而 TOPSIS 法能够很好地解决该问题，目前也被许多学者运用，本书采用此方法确定修正系数。

$$\varphi_i(V)^* = \varphi_i(V) + \left(\omega_1 \left(\varphi_{\xi i} - \frac{1}{n} \right) + \omega_2 \left(\varphi_{\rho i} - \frac{1}{n} \right) + \omega_3 \left(\varphi_{Yi} - \frac{1}{n} \right) + \omega_4 \left(\varphi_{Ri} - \frac{1}{n} \right) \right) V(N),$$

$$i = 1, \cdots, n \tag{9-73}$$

1）TOPSIS 方法介绍。

逼近理想点法（TOPSIS）是由 Hwang 和 Yoon 于 1981 年为解决单个决策者的多目标决策问题而最先提出来的一种排序方法。该方法能够充分利用原始数据，根据有限个评价对象与理想化目标的接近程度进行排序，在现有的对象中进行相对优劣的评价，若评价对象最靠近最优解同时又最远离最劣解，则为最好。

2）TOPSIS 方法对 Shapley 值的修正过程。

①构造初始矩阵。

设利益分配的影响因素集合为 $J = (1, 2, \cdots, m)$，联盟中的参与人集合为 $I = (1, 2, \cdots, n)$，构建关于参与者影响因素的测度值 a_{ij}，初始测度矩阵为 $M_1 = (a_{ij})_{nm}$。

②规范化测度矩阵。

为了保证各要素处于同一量纲之内，需要将各测度值除以所有测度值平方和的二次方根，得到规范化测度矩阵 $M_2 = (b_{ij})_{nm}$。

$$b_{ij} = \frac{a_{ij}}{\sqrt{\sum_{i=1}^{n} (a_{ij})^2}}, \quad j = 1, 2, \cdots, m \tag{9-74}$$

③确定正负理想解。

根据 SC-CKT 的情景，选取 1 和 0 分别作为正向指标的绝对正理想解 b_j^+ 和绝对负理想解 b_j^-。所以正理想解和负理想解为：

$$M_2^+ = \{(1 \mid j \in J^+), (0 \mid j \in J^-)\} = \{b_1^+, b_2^+, \cdots, b_m^+\} \tag{9-75}$$

$$M_2^- = \{(0 \mid j \in J^+), (1 \mid j \in J^-)\} = \{b_1^-, b_2^-, \cdots, b_m^-\} \tag{9-76}$$

其中，J^+ 为正向向量，J^- 为反向向量。

④计算欧式距离。

欧式距离是一个通常采用的距离定义，指在 m 维空间中两个点之间的真实距离，将每个影响因素的权重与欧式距离相结合，可以获得各主体与正理想解、负理想解的距离分别为 d_i^+、d_i^-：

$$d_i^+ = \left[\sum_{j=1}^{m} \omega_j^2 (b_j^+ - b_{ij})^2 \right]^{\frac{1}{2}}, \quad i = 1, 2, \cdots, n \tag{9-77}$$

$$d_i^- = \left[\sum_{j=1}^{m} \omega_j^2 (b_{ij} - b_j^-)^2 \right]^{\frac{1}{2}}, \quad i = 1, 2, \cdots, n \tag{9-78}$$

ω_j，$j = 1$，2，$\cdots$，m，为各利益分配影响因素的权重，在上文通过 AHP 的方法获得。

⑤计算各评价对象与最理想方案的接近度 h_i 并做归一化处理：

$$h_i = \frac{d_j^-}{d_j^- + d_j^+}, \quad i = 1, 2, \cdots, n \tag{9-79}$$

对 h_i 进行归一化处理接近度：

$$H_i = \frac{h_i}{\sum_{i=1}^{n} h_i}, \quad i = 1, 2, \cdots, n \tag{9-80}$$

⑥确定修正系数 λ_i。

修正系数为：归一化处理的接近度与平均度的差，即：

$$\lambda_i = \left(H_i - \frac{1}{n} \right), \quad i = 1, 2, \cdots, n \tag{9-81}$$

不难证明 $\sum_{i=1}^{n} \lambda_i = 0$，$i = 1$，$2$，$\cdots$，$n$。

⑦确定最终分配额。

$$\varphi_i(V)^* = \varphi_i(V) + \lambda_i V(N); \quad i = 1, \cdots, n \tag{9-82}$$

$\varphi_i(V)^*$ 即为通过层次分析法和逼近理想点法相结合得到的修正 Shapley 值，即最终的收益分配方案。

3. 模型评价

基于以边际贡献为依据的 Shapley 值法，同时引入四种要素进行修正，利用主观赋权法与客观赋权法相结合确定修正系数，最终得到修正的 Shapley 值法模型。模型中，引入影响因素，弥补了 Shapley 值法仅考虑贡献的片面性，采用 AHP 法计算权重，将影响因素对利益分配的影响程度大小体现出来，TOPSIS 法解决了各要素之间的非线性关系计算。综上所述，该模型充分体现出了对各参与主体的合理分配。

4. 测量指标

在前文分析利益分配的影响因素时，分别给出了相对应的二级指标及测量指标，如表9-7所示。

表9-7 测量指标

部分	指标	参与主体	二级指标	测量指标	数据收集办法
基础准备	参与人特征	博主	影响力	粉丝量	平台数据
		商家	品牌知名度	品牌价值	二手数据
		平台	平台体量	用户注册量	二手数据
				GMV	报道
				DAU	报道
				MAU	报道
	努力程度	博主	日常的社区参与、内容提供及修正	历史完成知识转移量	平台数据
		商家	日常对产品的维护、反馈以及对顾客意见改进	历史上架产品量	平台数据
		平台	建设平台基础设施	固定资产投入	财务报表
			完善知识转移的平台环境和功能（顾客观看知识以及商家销售商品的渠道）	人力资源投入	财务报表（研发人员素质）
			转移环境的维护、针对顾客提供的建议对平台进行反馈和改进	平台历史更新次数	报道
转移部分	重要程度	博主	参与人的受众	节点数	公式计算
		商家	参与人的受众	节点数	公式计算
		平台	参与人的受众	节点数	公式计算
	风险	博主	知识转移过程中的风险	博主信息共享风险	专家评分法
				共享合作企业违约的风险	专家评分法
		商家	维护平台的管理风险	品牌投入的资源不能达到理想营销和变现效果的风险	专家评分法
			知识转移过程中的风险	品牌存在品牌和产品形象损毁的风险	专家评分法
			采纳顾客意见之后的风险	品牌可能存在"走弯路"或"走错路"的风险	专家评分法
		平台	维护平台的管理风险	企业面临经营不善导致资本无法收回的风险	专家评分法
			知识转移过程中的风险	平台形象损毁的风险	专家评分法
			采纳顾客意见之后的风险	平台可能存在"走弯路"或"走错路"的风险	专家评分法

资料来源：笔者自制。

在基础准备部分，主要的指标是参与人特征和努力程度。参与人特征部分，博主可由"影响力"指标来衡量，其相应的测量指标为"粉丝量"，由平台数据获得；商家可由"品牌知名度"指标来衡量，其相应的测量指标为"品牌价值"，需要通过寻找品牌估值确定；平台可由"平台体量"指标来衡量，相应的测量指标包括"用户注册量""GMV""DAU"和"MAU"，这些需要通过相关的报道或企业官网查询。努力程度部分，博主可由"日常的社区参与、内容提供及修正"指标来衡量，其相应的测量指标为"历史完成知识转移量"，数据可由平台的后台数据获取；商家可由"日常对产品的维护、反馈以及对顾客意见改进"，测量指标为"历史上架产品量"，数据由平台的后台数据获取；平台二级指标包括"建设基础设施""完善知识转移的环境和功能（顾客观看知识以及商家销售商品的渠道）""转移环境的维护、针对顾客提供的建议对平台进行反馈和改进"，分别对应的测量指标为"固定资产投入""人力资源投入""平台历史更新次数"，前两个测量指标可由平台数据获得，第三个指标可通过收集新闻报道的形式获得。

在转移阶段部分，主要的指标是重要程度和风险。对于参与人的重要程度因素的测量，前文中已给出明确的方法，可以直接获得最终的数据。值得注意的是"受众单位"的确定，需要专家根据行业的平均水平评测出一个适当大小的值，使得各参与者的重要程度更加合理。有关风险因素，博主的二级指标为"知识转移过程中的风险"，对应两个测量指标"博主信息共享风险"和"共享合作企业违约的风险"，博主的二级指标不存在"维护平台的管理风险"和"采纳顾客意见之后的风险"，在计算的过程中可以"0"作为测量数据；商家和平台的二级指标相同，都包含"维护平台的管理风险""知识转移过程中的风险""采纳顾客意见之后的风险"，其中商家三个二级指标分别对应的测量指标为"品牌投入的资源不能达到理想营销和变现效果的风险""品牌存在品牌和产品形象损毁的风险""品牌可能存在'走弯路'或'走错路'的风险"；平台风险的测量指标分别为"企业面临经营不善导致资本无法收回的风险""平台形象损毁的风险""平台可能存在'走弯路'或'走错路'的风险"。

第十章　利益分配方法的算例分析

通过以上内容的理论推导，针对不同 SC-CKT 情景，提出了相适应的利益分配模式和方法，包括两种分散型利益分配方法（基于商家主导的两部分—主一从分散型利益分配方法、基于平台主导的两阶段一主二从分散型利益分配方法）、基于营销努力占比的集中型利益分配方法以及基于修正 Shapley 值法的合作型利益分配方法，以下三种方法简称为：分散型（分散型—商家主导、分散型—平台主导）、集中型和合作型，接下来对三种方法进行算例分析，进而证明各利益分配模式下分配方法的有效性。

第一，采用数值分析的方法对分散型和集中型的利益分配方法进行验证。由于以上两种方法是基于非合作博弈进行分析，注重微观层面的策略选择，在现实中选择算例分析的过程中，存在参与者主观意愿的干扰，因此通过计算机进行模拟情景的数值分析法能够更好地解决以上两类方法的算例分析问题。本书数值分析中的参数选取及参数范围如下，假设常量包括各主体的营销努力成本系数 ε_i（ε_w、ε_m、ε_p）和单位利益 r，分别取值为 $\varepsilon_w = 1$、$\varepsilon_m = 5$、$\varepsilon_p = 3$、$r = 20$；假设各主体营销努力对销售量的弹性系数 γ_i（γ_w、γ_m、γ_p）为自变量，令 γ_w、γ_m、$\gamma_p \in [6, 10]$；假设各主体的营销努力 ρ_i（ρ_w、ρ_m、ρ_p），各主体分配的利益 π_i（π_w、π_m、π_p）以及总利益 π 为决策变量，各决策变量随自变量 γ_i 的变化而变化。常量和自变量的取值及范围，是经过细致的现实情景分析及模拟结果比较得到的结果。首先，从各主体的营销努力成本系数 ε_i 的取值来说，根据各主体进行营销努力的难易程度对比发现，商家需要付出更多的经济成本，对应的成本系数较高，而博主仅需要付出一定的非经济成本，如人力和知识资源，对应的成本系数较小，平台处于两者之间，因此 $\varepsilon_m > \varepsilon_p > \varepsilon_w$，分别取值 5、3、1。其次，从单位利益 r 来说，由于各主体在各自付出一单位营销努力进行 SC-CKT 合作的情况下，该合作的单位成本为 $\varepsilon_m + \varepsilon_p + \varepsilon_w = 9$，因此单位利益应大于单位成本，因此，取值 r=20。最后，对于自变量取值来说，本书使用 MATLAB 数值分析软件，通过对不同取值范围的自变量进行构图发现，在 γ_w、γ_m、$\gamma_p \in [6, 10]$ 时，能够更加清晰地展示不同决策变量的变化趋势以及不同模式之间的区别。由于在三维空间中无法同时直观反映出三个自变量对决策变量的变化，因此采取设其中一个自变量为定值，观察另外两个自变量对决策变量变化的方法。以上方法需要考虑三种不同的情景：其一为固定平台弹性系数的结果，即在 $\gamma_p = 8$ 时，γ_w、$\gamma_m \in [6, 10]$ 对决策变量的影响；其二为固定商家弹性系数的结果，即在 $\gamma_m = 8$ 时，γ_w、$\gamma_p \in [6, 10]$ 对决策变量的影响；其三为固定博主弹性系数的结果，即在 $\gamma_w = 8$ 时，γ_m、$\gamma_p \in [6, 10]$ 对决策变量的影响。

第二，采用实例分析方法对合作型利益分配方法进行证明。由于合作型利益分配方法是基于合作博弈进行分析，注重宏观层面的结果，而不侧重微观策略选择，因此通过现实中的算例进行实例分析能更好地体现验证结果的有效性。

第一节　分散型利益分配方法的数值分析

一、基于商家主导的两部分一主一从分散型利益分配

通过对分散型—商家主导方法进行数值分析发现，各主体的利益和营销努力随着弹性系数的增长而提高，反映了各主体付出越多的努力，能够收获的利益就越多，同时商家获得的利益大于博主与平台获得的利益。该结果证明了分散型利益分配模式下，采用分散型—商家主导方法的有效性。

（1）从各主体利益的数值分析结果来看。在固定平台弹性系数（$\gamma_p = 8$）的情景下，博主利益随着其博主弹性系数的增长而提高，商家利益随着商家弹性系数的增长而提高，如图 10-1 所示。在 γ_w，$\gamma_m = 6$ 时，$\pi_w = 2145$，$\pi_m = 6590$；当 $\gamma_w = 6$，$\gamma_m = 10$ 时，$\pi_m = 8979$；在 $\gamma_w = 10$，$\gamma_m = 6$ 时，$\pi_w = 5333$；在 $\gamma_w = 10$，$\gamma_m = 10$ 时，$\pi_w = 5902$，$\pi_m = 15068$；在固定商家弹性系数（$\gamma_m = 8$）的情境下，博主利益和平台利益随着其弹性系数的增长而提高；固定博主弹性系数（$\gamma_w = 8$）的情景下，商家和平台的利益随着其弹性系数的增长而提高。因此，结合三种情境下的数值分析可知，各参与者的利益随着其弹性系数的增长而提高，且商家利益一直处于博主和平台利益之上。以上的数值分析结果与理论推演吻合，理由如下：首先，在前文的方法推演中可知，随着各主体营销努力对销售量弹性系数的提高，各主体每付出一份营销努力，获得的利益就会增多，与数值分析结果得到的各主体利益随着其弹性系数的增长而提高相对应；其次，由于在分散型利益分配模式下，商家具备主导平台和博主的主从关系，在分配利益时，商家会优先考虑到自身的利益最大化，因此，商家获得的利益会高于博主和平台的利益。综上所述，在分散型利益分配模式下，采用分散型—商家主导的方法是有效的。

（2）从各主体营销努力的数值分析结果来看。在固定平台弹性系数（$\gamma_p = 8$）的情景下，博主营销努力随着其博主弹性系数的增长而提高，商家营销努力随着商家弹性系数的增长而提高，如图 10-2 所示：在 γ_w，$\gamma_m = 6$ 时，$\rho_w = 27.8$，$\rho_m = 53.3$；当 $\gamma_w = 6$，$\gamma_m = 10$ 时，$\rho_m = 65$；在 $\gamma_w = 10$，$\gamma_m = 6$ 时，$\rho_w = 96$；在 $\gamma_w = 10$，$\gamma_m = 10$ 时，$\rho_w = 88.9$，$\rho_m = 55.9$；在固定商家弹性系数（$\gamma_m = 8$）的情境下，博主平台营销努力随着其弹性系数的增长而提高；在固定博主弹性系数（$\gamma_w = 8$）的情景下，商家和平台的营销努力随着其弹性系数的增长而提高。因此，结合三种情境下的数值分析可知，各参与者的营销努力随着其弹性系数的增长而提高。以上的数值分析结果与理论推演吻合，理由如下：前文通过对各主体利益的数值分析可知，各主体的弹性系数与利益具有正相关关系，即弹性系数越大，各主体获得的利益也就越大。因此，随着各主体弹性系数的提高，各主体能够获得更高的利益，也就更愿意付出自身的营销努力进一步扩大自身的收益，数值分析结果

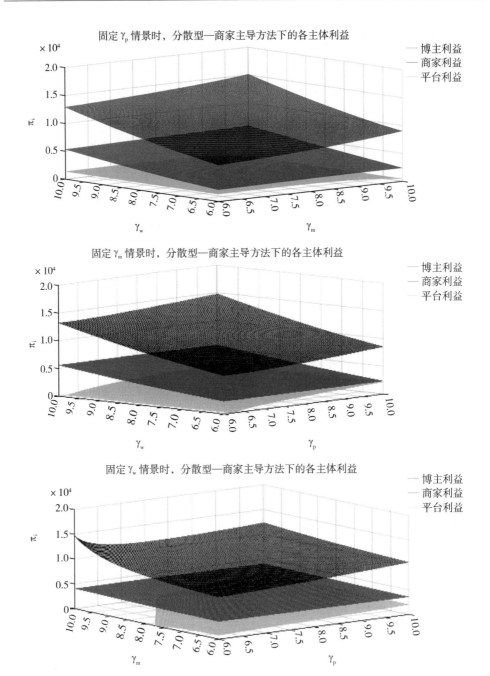

图10-1 分散型—商家主导方法下的各主体利益

资料来源：matlab 数据分析。

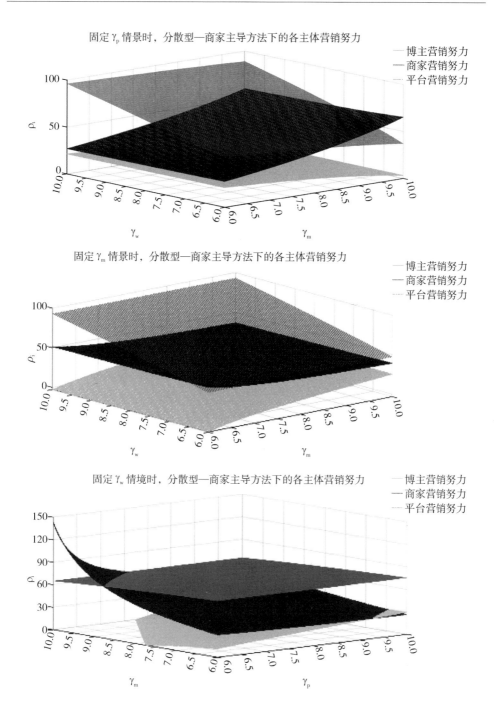

图 10-2 分散型—商家主导方法下的各主体营销努力

资料来源：matlab 数据分析。

与方法推演吻合，证明了该方法是有效的。

二、基于平台主导的两阶段一主二从分散型利益分配

通过对分散型—平台主导方法进行数值分析发现，各主体的利益和营销努力随着弹性系数的增长而提高，反映了各主体付出越多的努力，能够收获的利益就越多，同时，平台获得的利益在绝大多数情况下大于博主与商家获得的利益（只有一小部分情况下，平台利益会低于博主利益）；另外，在分散型—平台主导方法下，平台的利益高于在分散型—商家主导方法的情况。该结果证明了选择型利益分配模式中，当博主影响力较小时，采用分散型—平台主导方法的有效性。

（1）从各主体利益进行数值分析结果来看。在固定平台弹性系数（$\gamma_p = 8$）的情景下，博主利益随着其博主弹性系数的增长而提高，商家利益随着商家弹性系数的增长而提高，如图10-3所示。在 γ_w，$\gamma_m = 6$ 时，$\pi_w = 1733.6$，$\pi_m = 1433$；当 $\gamma_w = 6$，$\gamma_m = 10$ 时，$\pi_m = 1967.8$；在 $\gamma_w = 10$，$\gamma_m = 6$ 时，$\pi_w = 3327$；在 $\gamma_w = 10$，$\gamma_m = 10$ 时，$\pi_w = 4852$，$\pi_m = 3129.4$；在固定商家弹性系数（$\gamma_m = 8$）的情境下，博主利益和平台利益随着其弹性系数的增长而提高；固定博主弹性系数（$\gamma_w = 8$）的情景下，商家和平台的利益随着其弹性系数的增长而提高。因此，结合三种情境下的数值分析可知，各参与者的利益随着其弹性系数的增长而提高，且平台利益在绝大部分情况下，处于博主和商家利益之上。以上的数值分析结果与理论推演吻合，理由如下：首先，在前文的方法推演中可知，随着各主体营销努力对销售量弹性系数的提高，各主体每付出一份营销努力，获得的利益就会增多，与数值分析结果得到的各主体利益随着其弹性系数的增长而提高相对应；其次，由于在选择型利益分配模式下，当博主影响力较低情境下，企业处于中高级发展阶段，企业建立的平台由于资源和认可度的提升，具备主导博主和商家的主从关系，在分配利益时，平台会优先考虑到自身的利益最大化。因此，平台获得的利益在大多数情况下会高于博主和商家的利益。但同样也由于企业建立的平台具备充足的流量支撑，博主也存在创作的内容深受顾客喜爱的可能，如找到了一个较为新颖的角度或采取了某种奇特的创作手法，一旦该次 SC-CKT 成为"爆款"，

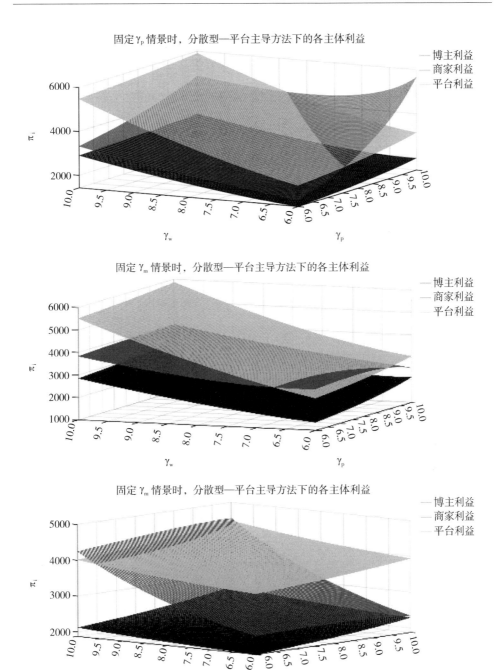

图 10-3 分散型—平台主导方法下的各主体利益

资料来源：matlab 数据分析。

就能够给博主带来更高的收益水平，这也从数值分析中体现了出来，从图10-3的三个情景中都可以看出，结果出现了部分博主利益高于平台利益的情况。综上所述，在分散型利益分配模式下，采用分散型—商家主导的方法是有效的。

（2）通过对分散型—商家主导与分散型—平台主导两种方法进行数值分析比较可知，在分散型—平台主导方法下，平台的利益高于在分散型—商家主导方法的情况，进一步证明了两种方法的有效性。在分别固定平台、商家和博主弹性系数（$\gamma_p = 8$，$\gamma_m = 8$，$\gamma_w = 8$）的三种情景下，都可以发现采用分散型—平台主导方法下，平台分配到的利益一直大于在采用分散型—商家主导方法下分得的利益，如图10-4所示。以上的数值分析结果与理论推演吻合，理由如下：分散型利益分配模式和选择型利益分配模式之间最大的区别是企业的发展阶段不同，前者企业处于初级发展阶段，而后者处于中高级发展阶段。在初级发展阶段的企业掌握的资源有限、受认可的程度低，企业搭建的知识转移平台影响力有限，获得的利益有限；而在中高级发展阶段的企业，由于前期的不断积累，资源的拥有量以及大众的认可度都处于较高水平，企业搭建的知识转移平台具有很大的影响力，因此，能够获得更多的利益。

（3）从各主体营销努力的数值分析结果来看。在固定平台弹性系数（$\gamma_p = 8$）的情景下，博主营销努力随着其博主弹性系数的增长而提高，商家营销努力随着商家弹性系数的增长而提高，如图10-5所示：在γ_w，$\gamma_m = 6$时，$\rho_w = 8.28$，$\rho_m = 17.7$；当$\gamma_w = 6$，$\gamma_m = 10$时，$\rho_m = 23.2$；在$\gamma_w = 10$，$\gamma_m = 6$时，$\rho_w = 39.2$，$\rho_m = 14.6$；在$\gamma_w = 10$，$\gamma_m = 10$时，$\rho_w = 34.5$，$\rho_m = 15.7$；在固定商家弹性系数（$\gamma_m = 8$）的情境下，博主平台营销努力随着其弹性系数的增长而提高；在固定博主弹性系数（$\gamma_w = 8$）的情景下，商家和平台的营销努力随着其弹性系数的增长而提高。因此，结合三种情境下的数值分析可知，各参与者的营销努力随着其弹性系数的增长而提高。以上的数值分析结果与理论推演吻合，理由与分散型—商家主导方法的解释相同。

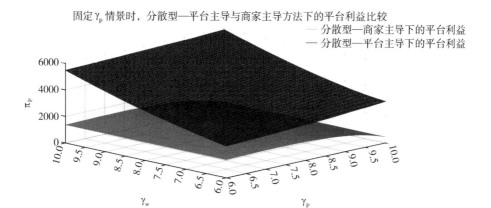

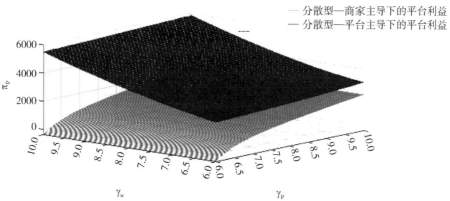

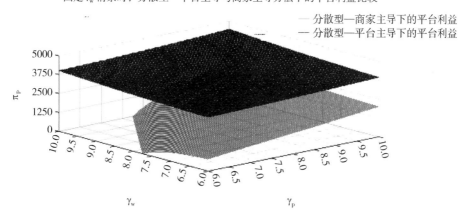

图 10-4 分散型—平台主导与商家主导方法下的平台利益比较

资料来源：matlab 数据分析。

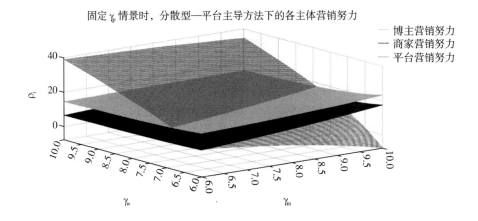

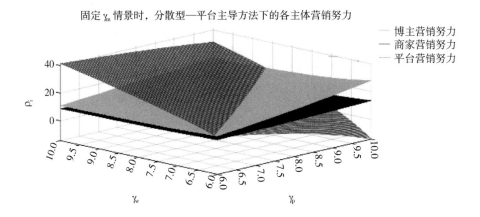

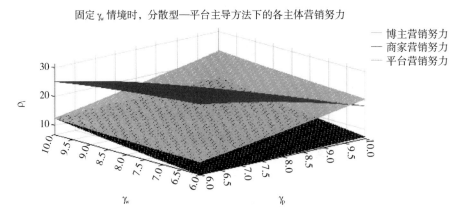

图 10-5 分散型—平台主导方法下的各主体营销努力

资料来源：matlab 数据分析。

第二节 集中型利益分配方法的数值分析

通过对集中型方法进行数值分析发现，各主体的利益和营销努力随着弹性系数的增长而提高，反映了各主体付出越多的努力，能够收获的利益就越多。该结果证明了分散型利益分配模式下，采用分散型—商家主导方法的有效性。

（1）从各主体利益的数值分析结果来看。在固定平台弹性系数（$\gamma_p = 8$）的情景下，博主利益随着其博主弹性系数的增长而提高，商家利益随着商家弹性系数的增长而提高，如图 10-6 所示。在 γ_w，$\gamma_m = 6$ 时，$\pi_w = 7778.3$，$\pi_m = 3111.3$；当 $\gamma_w = 6$，$\gamma_m = 10$ 时，$\pi_m = 6128.9$；在 $\gamma_w = 10$，$\gamma_m = 6$ 时，$\pi_w = 18017.7$；在 $\gamma_w = 10$，$\gamma_m = 10$ 时，$\pi_w = 19360$，$\pi_m = 7724.6$；在固定商家弹性系数（$\gamma_m = 8$）的情境下，博主利益和平台利益随着其弹性系数的增长而提高；固定博主弹性系数（$\gamma_w = 8$）的情景下，商家和平台的利益随着其弹性系数的增长而提高。因此，结合三种情境下的数值分析可知，各参与者的利益随着其弹性系数的增长而提高。以上的数值分析结果与理论推演吻合，理由与分散型方法相同。

（2）通过对集中型方法与分散型—商家主导两种方法进行数值分析比较可知，在集中型方法下，总利益、博主利益、博主的营销努力增长率均高于在分散型—商家主导方法的情况，进一步证明了两种方法的有效性。在分别固定平台、商家和博主弹性系数（$\gamma_p = 8$，$\gamma_m = 8$，$\gamma_w = 8$）的三种情景下，都可以发现：采用集中型方法，总利益和博主利益一直大于在采用分散型—商家主导方法下分得的利益，如图 10-7 和图 10-8 所示；博主的营销努力增长率均高于在分散型—商家主导方法下的增长率，如图 10-9 所示。以上的数值分析结果与理论推演吻合，理由如下：首先，分散型—商家主导的方法是采取个体利益最大化的分配方法，而集中型的方法则优先考虑集中利益的最大化，因此，采取集中型的利益分配方法得到的总利益要大于分散型—商家主导下的总利益；其次，分散型利益分配模式和集中型利益分配模式都是在企业初级发展阶段的情景下，二者主要的区别在

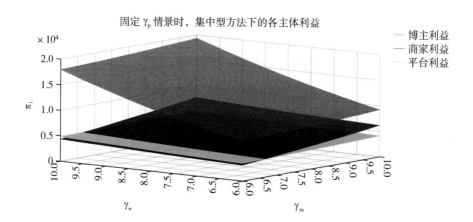

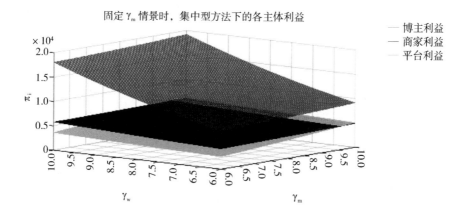

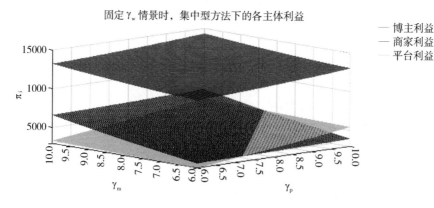

图 10-6　集中型方法下的各主体利益

资料来源：matlab 数据分析。

固定 γ_p 情景时，分散型—商家主导与集中型两种方法的总利益比较

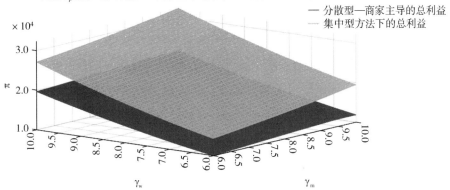

固定 γ_m 情境时，分散型—商家主导与集中型方法下的总利益比较

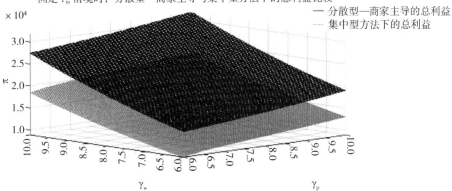

固定 γ_w 情境时，分散型—商家主导与集中型方法下的总利益比较

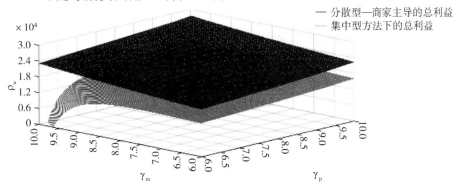

图 10-7　分散型—商家主导与集中型方法下的总利益比较

资料来源：matlab 数据分析。

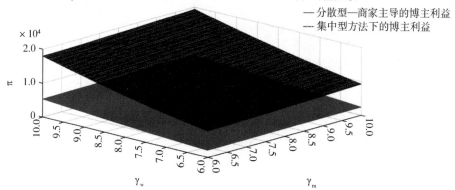

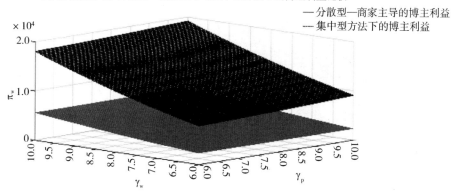

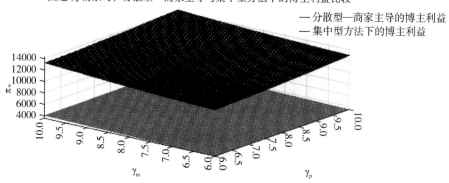

图 10-8 分散型—商家主导与集中型方法下的博主利益比较

资料来源：matlab 数据分析。

固定 γ_p 情景时，分散型—商家主导与集中型两种方法的博主营销努力比较

——分散型—商家主导的博主营销努力
·—集中型方法下的博主博主营销努力

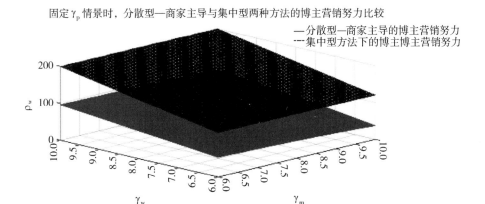

固定 γ_m 情景时，分散型—商家主导与集中型方法下的博主营销努力比较

——分散型—商家主导的博主营销努力
·—集中型方法下的博主博主营销努力

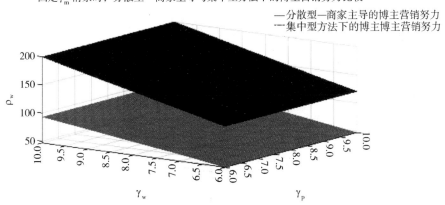

图 10-9　分散型—商家主导与集中型方法下的博主营销努力比较

资料来源：matlab 数据分析。

于知识显性化的难易程度，分散型模式是在易以显性化的情境下，博主愿意为分享知识所付出的努力有限，因此，随着弹性系数的提高，博主营销努力的增速缓慢。而集中型模式下是在难以显性化的情境下，博主更愿意付出自己的努力来创作出有价值、有内容的知识，因此，在集中型模式下采取集中型方法，博主营销努力随着弹性系数的提高速度（增长率）要高于在分散型模式下采取的分散型—商家主导方法的速度；最后，由于集中型模式下，合作产生的总利益更高，博主付出的营销努力也更多，因此，采取集中型方法，博主分配到的利益要高于采取分散型—商家主导下的利益。综上所述，通过对两种方法的数值分析比较，进一步证明了分散型利益分配模式下采取分散型—商家主导的方法和集中型利益

分配模式下采取集中型利益分配方法的有效性。

（3）从各主体营销努力来看。在固定平台弹性系数（$\gamma_p = 8$）的情景下，博主营销努力随着其博主弹性系数的增长而提高，商家营销努力随着商家弹性系数的增长而提高，如图 10-10 所示：在 γ_w，$\gamma_m = 6$ 时，$\rho_w = 120$，$\rho_m = 48$；当 $\gamma_w = 6$，

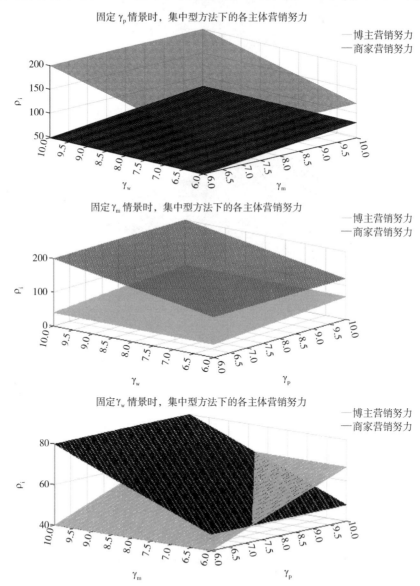

图 10-10　集中型方法下的各主体营销努力

资料来源：matlab 数据分析。

$\gamma_m = 10$ 时，$\rho_m = 80$；在 $\gamma_w = 10$，$\gamma_m = 6$ 时，$\rho_w = 200$；在 $\gamma_w = 10$，$\gamma_m = 10$ 时，$\rho_w = 200$，$\rho_m = 80$；在固定商家弹性系数（$\gamma_m = 8$）的情境下，博主平台营销努力随着其弹性系数的增长而提高；在固定博主弹性系数（$\gamma_w = 8$）的情景下，商家和平台的营销努力随着其弹性系数的增长而提高。因此，结合三种情境下的数值分析可知，各参与者的营销努力随着其弹性系数的增长而提高。以上的数值分析结果与理论推演吻合，理由与分散型方法相同。

第三节　合作型利益分配方法的实例分析

在合作型利益分配模式以及选择型利益分配模式中博主极具影响力的情景下，采取合作型利益分配方法。通过直播的实例佐证基于修正的 Shapley 值的合作型利益分配方法的有效性。2021 年，"双十一"预售开始，在淘宝直播平台的直播间上架了 B 公司一款面膜产品。根据淘宝官方的直播数据显示，在这场直播中，××直播间的主播作为极具影响力的博主，以易于显性化的手段进行知识转移；B 公司作为化妆品行业的知名品牌，寻求 L 主播与淘宝直播的三方合作，而淘宝直播是阿里巴巴企业在中高级发展阶段建立的 SC 平台。从整体来看，该次直播属于"中高—易"情景，且博主极具影响力，应采取选择型利益分配模式，采用合作型利益分配方法。

目前对该次直播已知的信息包括，每 50 片面膜售价为 429 元，售出 60.11 万件该产品，销售额为 25787.19 万元。通过查看企业报表可知，2021 年四季度 B 公司总收入为 17091 百万欧元，收入成本合计为 4563.8 百万欧元。假设按照企业报表中的收入成本比例计算，每 50 片面膜的成本为 114.56 元，销售利润为 18900.99 万元。现有的利益分配方案为混合模式，即三方参与者在合作展开之前，先由商家支付给博主一定的金额，然后再按照提成支付的模式支付给双方其余的费用，是一种将固定薪酬与提成支付相结合的模式。B 公司在与 L 直播间合作之前，先给予了 30 万元的"坑位费"，然后分别按照销售额的 21% 和 9% 给予

L 主播和淘宝直播平台佣金费用。因此，商家的利益分配额为：（价格-成本）×销售量-商家产品销售额×30%-坑位费；博主的利益分配额为：产品销售额×21%+坑位费；平台的利益分配额为：产品销售额×9%。通过计算，博主、商家和平台获得的利益分配额分别为：5445.31 万元、11134.83 万元、2320.85 万元。

除了要考虑经济利益外，还需要考虑非经济利益，如博主影响力的提升、商家品牌增值和平台价值增值。由于商家自身对购买规则设置失误，根据淘宝官方直播数据显示，在同年 11 月 1 日，在 B 公司官方的直播间可以 257 元购入 50 片同款产品，和 L 主播直播间的价格相差 172 元。11 月 17 日，L 直播间发表声明，要求 B 公司在 24 小时内给出合理的解决方案，并暂停与官方旗舰店的一切合作。这一事件的发生使得三方的非经济利益均出现不同程度的损失。第一，淘宝平台数据显示，该次事件导致 11 月 17 日之后几天的 L 直播间观看人次与之前少 1000 万左右，根据研究背景中的调研来看，假设按照 10 个观看量为 1 元计算，博主的影响力增值为-100 万元。第二，商家的品牌价值也因此受损，假设按照 11 月 17 日的市值增值来大概评估品牌的价值增值，从 B 公司的股票来看，根据东方财富官方网站的数据显示，从 11 月 17 日的 428.63 欧元降到 11 月 18 日的 423.13 欧元，下降比例达 1.28%，B 公司现有市值为 1876 亿欧元，折合人民币下降为 165.58 亿元。B 公司的市值减少是由许多因素导致的，该次直播仅是其中的一部分。L 直播间当天观看人次达到了 2.49 亿，共讲解 439 个产品，单个产品平均观看人次为 56.72 万人，当天淘宝直播平台总观看人次达到了 7.09 亿人次。假设曝光比例是直播间产品平均观看人次与平台总观看人次的商值，那么曝光比例为 0.08%。通过曝光比例与市值增值相乘可得，B 公司因直播获得的商家品牌价值增值为-1325 万元。第三，平台的价值也受到了一定的损失，直播对平台的影响相对商家而言，具有一定的滞后性，因此，假设按照 11 月 18 日的市值增值来大概评估淘宝平台的价值增值。根据东方财富官方网站的数据显示，阿里巴巴在 11 月 18 日的股票价格为 143.60 美元，在 11 月 19 日下降到了 140.34 美元，下降比例达 2.27%，按照市值 2727.18 亿美元计算，折合人民币下降为 391.25 亿元，通过与曝光比例相乘可得，淘宝直播的平台价值增值为-3130 万元。因此，在考虑经济利益与非经济利益的情况下,现有的利益分配方案的总利益为销售利润、博主影响力增值、商家品牌增值与平台价值增值的总和,为14345.99万元,博主、商家和平台获得的利益分配额分别为:5345.31万元、9809.83万元、-809.15万元。

设博主、商家和平台三个主体组成顾客知识转移的合作联盟,三方共同为SC-CKT服务,各集合的收益如表10-1所示。

表 10-1 各主体协同方式及收益 　　　　　　单位:万元

协同方式	集合	收益函数	收益
各自独立	{1}	X_1	600
	{2}	γ_1	1200
	{3}	Z_1	1200
两个主体合作	{1, 2}	$X_2+\gamma_2$	4800
	{1, 3}	X_3+Z_2	6000
	{2, 3}	γ_3+Z_3	7200
三个主体合作	{1, 2, 3}	$X_4+\gamma_4+Z_4$	14345.99

资料来源:笔者自制。

(1) 各主体独立工作的收益。假设博主单独发布知识的收益为粉丝量的10%,即600万元;在2021年10月20日,商家自身在淘宝的直播间观看量为580.7万,淘宝直播作为直播行业的第一梯度,占据50%的市场份额,因此,全平台的观看量大约为1200万,由于顾客进入商家直播间的转化率相对较高,假设商家单独工作的收益按照观看量计算,即1200万;平台没有博主和商家的合作,自身仅能够获得广告收益,假设平台单独工作的收益与商家持平,为1200万元。

(2) 各主体两两合作形成联盟的收益。在博主与另外两个主体合作时,由于淘宝直播平台具有更大的体量,是极具流量的博主知识转移载体,因此,博主和平台联盟获得的收益要大于博主和商家联盟的收益。在平台与另外两个主体合作时，由于欧莱雅是整个 SC-CKT 合作中产生产品利润的关键，若无商家参与，则仅能产生相对较少的非经济利益，因此，博主和平台的收益要小于商家与平台的收益。综上所述，假设博主和商家两两联盟收益最小，获利为 4800 万元，博主和平台联盟收益居中，获利为 6000 万元，商家和平台联盟收益最大，获利为 7200 万元。

（3）三方同时合作的收益，获利按照现有方法（考虑经济与非经济收益）的收益，即 14345.99 万元。

分别计算博主、商家和平台的 Shapley 值为：

$$\varphi_1(V) = \frac{1}{3}X_1 + \frac{1}{6}(X_2 + \gamma_2 - \gamma_1) + \frac{1}{6}(X_3 + Z_2 - Z_1) + \frac{1}{3}(X_4 + \gamma_4 + Z_4 - \gamma_3 - Z_3) = 3982.0$$

$$\varphi_2(V) = \frac{1}{3}\gamma_1 + \frac{1}{6}(X_2 + \gamma_2 - X_1) + \frac{1}{6}(\gamma_3 + Z_3 - Z_1) + \frac{1}{3}(X_4 + \gamma_4 + Z_4 - X_3 - Z_2) = 4882.0$$

$$\varphi_3(V) = \frac{1}{3}Z_1 + \frac{1}{6}(X_3 + Z_2 - X_1) + \frac{1}{6}(\gamma_3 + Z_3 - \gamma_1) + \frac{1}{3}(X_4 + \gamma_4 + Z_4 - X_2 - \gamma_2) = 5482.0$$

由 $\varphi_1(V) + \varphi_2(V) > 4800$，$\varphi_1(V) + \varphi_3(V) > 6000$，$\varphi_2(V) + \varphi_3(V) > 7200$ 可知，各主体共同合作的收益大于一方单独或两方合作得到的收益，因此三个主体愿意采取合作的联盟战略。

然而，以上的计算结果仅考虑了传统 Shapley 值法下的边际贡献，下面我们从参与者特征、努力程度、重要程度以及风险四个因素对 Shapley 值法进行修正。假设参与者特征、努力程度、重要程度以及风险因素的权重分别为：0.2、0.3、0.2、0.3，通过 $CR = \frac{\lambda_{max} - 4}{3} / RI$ 的计算，得到 $CR = 0.06$，符合权重标准。同时假设设参与主体不同要素的权重，即 TOPSIS 方法的初始测度矩阵为：

$$M_1 = (a_{ij})_{nm} = \begin{pmatrix} 0.33 & 0.6 & 0.4 & 0.4 \\ 0.33 & 0.2 & 0.1 & 0.1 \\ 0.33 & 0.2 & 0.5 & 0.5 \end{pmatrix} \tag{10-1}$$

根据 L 主播在淘宝直播带货 B 公司产品这次事件，本书建立其专属的测度矩阵，如式（10-1）所示。测度矩阵各行从上到下依次代表博主、商家和平台，各列从左至右分别代表各主体参与者特征、努力程度、重要程度以及风险因素的权重。第一，从参与者的特征来看，每个参与者权重的取值范围为 $[0, 1]$，由前文可知，三方都是属于行业的翘楚，各主体处于一种相对平衡的地位，因此三方的参与者特征权重保持一致。第二，从努力程度来看，权重的取值范围为 $[0, 1]$，商家和平台仅对博主提供了产品和服务，相对博主进行知识转移的努力程度较小。第三，从重要程度来看，从节点法推算，平台的权重始终是 $1/2$，博主的权重范围在 $\left[\dfrac{1}{4}, \dfrac{1}{2}\right)$，商家的权重取值范围为 $\left(0, \dfrac{1}{4}\right]$。由于博主自身的受众较大，博主的重要程度也处于较高水平，同时平台作为进行 SC-CKT 的载体，也承担着较为重要的角色，因此从重要程度的影响因素来看，商家小于平台以及博主的重要程度。第四，由于商家自身规则设置失误事件，使博主和平台都承担了很大程度的风险，而商家自身的风险系数小于平台和博主。值得注意的是，该测度矩阵仅代表该次合作的情景，不同情境下，可根据具体的表现设置不同的要素权重及各主体要素权重。接下来通过计算可得到最终的修正解：

首先，通过式（9-74）的计算，得到规范化测度矩阵：

$$M_2 = \left(b_{ij}\right)_{nm} = \begin{pmatrix} 0.58 & 0.90 & 0.62 & 0.62 \\ 0.58 & 0.30 & 0.15 & 0.15 \\ 0.58 & 0.30 & 0.77 & 0.77 \end{pmatrix} \qquad (10\text{-}2)$$

其次，通过式（9-77）和式（9-78）的计算，可得到各主体的正负欧氏距离：

$$d_i^+ = \begin{pmatrix} 0.16 & 0.38 & 0.24 \end{pmatrix} \qquad (10\text{-}3)$$

$$d_i^- = \begin{pmatrix} 0.37 & 0.16 & 0.31 \end{pmatrix} \qquad (10\text{-}4)$$

再次，通过式（9-80）和式（9-80）的归一化处理，得到各主体的接近度为：

$$\lambda_i = \begin{pmatrix} 0.11 & -0.14 & 0.03 \end{pmatrix} \qquad (10\text{-}5)$$

最后，将最终结果（各主体的接近度）代入可得：

$$\varphi_i(V)^* = \begin{pmatrix} 5560.06 & 2873.56 & 5912.38 \end{pmatrix} \qquad (10\text{-}6)$$

从结果来看，如表 10-2 所示，现有的利益分配方案（混合模式）仅按照经济利益进行分配，看似各主体都是正收益，但在考虑到非经济利益之后，平台的收益呈现负值，即平台在该次三方合作中不仅没有获得收益，反而还亏损了809.15万元，这也证明了现有方法的不合理性。而从 Shapley 值法以及修正 Shapley 值法两个方面，能够充分证明合作型利益分配方法的有效性。

表 10-2　结果比较　　　　　　　　　　　单位：万元

方法	博主收益	商家收益	平台收益	总收益
混合模式（仅含经济利益）	5445.31	11134.83	2320.85	18900.99
混合模式（包含经济与非经济利益）	5345.31	9809.83	−809.15	14345.99
Shapley 值法	3982.0	4882.0	5482.0	14345.99
修正 Shapley 值法	5560.06	2873.56	5912.38	14345.99

资料来源：笔者自制。

　　首先，按照 Shapley 值法对该次合作的总收益进行分配，充分体现了按劳分配的原则，证明了该方法的有效性。由表 10-1 可知，博主单独进行知识转移的收益仅为 600 万元，但博主与平台合作的收益能够达到 6000 万元，说明平台在这个集合中的边际贡献为 5600 万元，同样的方法可以证明在商家与平台的集合中，平台的边际贡献为 6000 万元，在三方共同合作的集合中，平台的边际贡献为 9545.99 万元。商家在商家和博主集合与商家和平台集合的边际贡献分别为 4200 万元和 6000 万元，在三方集合中，商家的边际贡献为 8345.99 万元。博主在博主与商家集合和博主与平台集中的边际贡献分别为 4200 万元和 5600 万元，在第三方集合中，边际贡献为 7145.99 万元。平台的边际贡献一直大于或等于商家以及博主的边际贡献，因此，平台在三方合作中做出了相对另外两者而言更高的贡献，现有方法对平台的规模效应有着明显的低估，应将现有部分博主和商家的利益分配给平台，以此弥补平台贡献大而分配的利益少的问题。

　　其次，按照修正 Shapley 值法对该次合作的总收益进行再次分配，充分解决了仅考虑边际贡献的片面性问题，进一步证明了合作型利益分配方法的有效性。

由式（10-1）所示，博主和平台的各影响因素始终大于或等于商家的影响因素权重，因此平台和博主理应得到相应的收益补偿，从修正 Shapley 值法得到的结果来看，商家的部分利益转移到了博主和平台，充分证明了合作型利益分配方法的合理性。这样的改进措施弥补了传统 Shapley 值仅考虑贡献要素的弊端，使各利益分配影响要素权重不再相同，进而让利益分配方案更加公平合理。该方法不仅保证了合作联盟关系的稳定，也有利于联盟整体效益的提高。

第十一章 结论与展望

一、研究结论

虽然关于 SC 和 CKT 的研究成果颇多，但鲜有学者对 SC-CKT 的利益分配进行研究。通过对现有文献的梳理以及相关理论知识的深入探讨，本书认为可以通过对不同 SC-CKT 情景进行特征分析，并依据特征探索与之对应的模式和方法，以此提高 SC-CKT 利益分配的合理性。因此，本书基于博弈理论思想，结合 SC-CKT 特征，以企业发展阶段和知识显性化难易程度作为模式划分维度，划分了 SC-CKT 的四种情境。并分别提出了分散型、集中型、合作型和选择型的利益分配模式，通过运用博弈建模法，同时针对不同的模式分别采取了适合的利益分配方法。最终通过算例分析证实了不同模式和方法的有效性。

（1）在企业初级发展阶段时，顾客进行易于显性化的知识转移情景下，针对各主体侧重于经济利益，地位不一致的特点，本书提出了商家主导的分散型利益分配模式，运用斯塔克尔伯格博弈方法。该情景下，由于博主地位较低，可能存在压榨博主剩余利益的现象。各参与主体没有建立存在约束力的合约，同时博弈过程也容易控制，但商家与平台和博主之间存在主从关系。在此基础上，进一步假设商家作为该合作过程的决策主导者，平台和博主为决策跟随者，建立两部分一主一从的斯塔克尔伯格博弈模型。该模型以营销努力和佣金作为各参与主体的决策变量，通过逆向归纳法得到各决策变量的最优解，进而实现合理的利益分配，也对各主体的策略（营销努力和佣金变量）选择存在指导作用。

（2）在企业初级发展阶段时，顾客进行难以显性化SC-CKT情景，针对各主体侧重于经济利益，但地位趋同的特点，提出了集中型利益分配模式和方法。该情景下，博主创作出极具价值的内容，常常得不到应有的回报，主要归咎博主的地位没有因创作的高质量内容而提高。因此，本书基于难以显性化的知识具有独特性和唯一性为出发点，提高该部分博主的谈判地位，提出集中决策的模式和方法。延续分散型利益分配模式的两部分博弈框架，分别计算商家与平台以及商家与博主的最优决策。以追求合作集体利益最大化为目标，得到各主体的最优营销努力以及总利益。在此基础上，考虑到佣金最优解在博弈过程中无法确定，通过各主体最优营销努力占总营销努力的比例与总利益的乘积确定各主体的利益分配。研究结果在得到合理利益分配结果的基础上，也使该情景集体利益的最大化。

（3）在企业中高级阶段时，顾客进行难以显性化SC-CKT情景，针对各主体合作既产生经济利益，又产生非经济利益，同时地位趋同的特点，提出合作型利益分配模式，运用"Shapley值法"，追求合作共赢，公平和效率。在考虑各主体边际贡献的基础上，还根据SC-CKT的特殊情景加入了"参与人特征""努力程度""重要程度""风险"四个因素对"Shapley值法"进行修正，最后，通过层次分析法和逼近理想值点法相结合赋予各要素权重即各主体的要素权重。最终的研究结果在实现公平合理利益分配的基础上，保证了行业的可持续发展，将各主体的价值与收益对等。

（4）在企业中高级发展阶段时，顾客进行易于显性化SC-CKT情景，针对与影响力大小不同的博主合作时所表现的不同特点，提出选择型利益分配模式，即与极具影响力的博主合作时，产生经济利益与非经济利益，且地位趋同，采用合作型的利益分配模式和方法；与影响力较小的博主合作时，仅产生经济利益，且地位不同，采用平台主导的分散型利益分配模式及方法。最终研究结果在获得合理利益分配的基础上，还能够对各主体起到激励作用，促进行业的发展与进步。

二、管理启示

本书主要研究的是平台、商家和博主三个主体共同合作，形成 SC-CKT 合作，在三方的共同努力下产生的利益如何分配的问题。研究结果对于 SC 企业、博主、商家以及行业而言都具有一定的管理启示。

（1）对于 SC 企业的启示。认清自身的发展阶段，区分博主转移知识的难易程度，正确选择当前情境下的利益分配模式和方法。对于初级发展阶段企业，博主进行易于显性化的知识转移而言，由于企业资源和认可度的限制，应采取简单高效的利益分配模式和方法，引导三个参与者采取商家主导的分散型利益分配模式，根据自身付出的营销努力，得到应有的经济利益回报。在这个过程中，应确保各主体的利益不会因强势一方的压榨而得不到保证；对于初级发展阶段企业，就博主进行难以显性化的知识转移而言，同样应采取简单高效的利益分配模式和方法，但应充分考虑到难以显性化的知识对于当前平台发展的重要性，提升转移难以显性化知识的博主地位，实现三个主体同等地位下的集中型利益分配模式。在这个过程中，应重点保护转移难以显性化知识的博主利益；在中高级阶段企业，就博主进行易于显性化的知识转移而言，由于此时的博主影响力大小不一，应对影响力不同的博主加以区分，与影响力较小的博主合作时，应契合实际，选择平台主导的分散型利益分配模式，确定各主体的最优营销努力和佣金变量，进而确定合理的利益分配；与极具影响力的博主合作时，考虑各主体的地位趋同关系和当前经济利益和非经济利益的产出，应促进各主体之间能够确定一个有约束力的合约，采取合作型利益分配模式；在中高级阶段企业，博主进行难以显性化的知识转移时，由于企业资源和认可度的提高，应注重利益分配的公平性。考虑各主体的地位趋同关系和经济利益与非经济利益的产出，选择合作型的利益分配模式，按照各主体的贡献、参与者特征、努力程度、重要程度以及风险等多因素考虑，确定各主体的利益分配。

（2）对于博主的启示。博主应尽可能地转移难以显性化的知识。相较容易显性化的知识，它更具独特性、唯一性，且极具价值。这样的知识对于商家、平台甚至整个社会都是极为稀缺的，在进行利益分配谈判时，它能够帮助博主提升自身的地位，以此获得更为合理的分配结果。同时，进行难以显性化知识转移的博主，应尽可能选择与中高级发展阶段的企业建立的平台进行合作。在初级阶段企业建立的平台下，博主进行难以显性化的知识转移，难以将知识发挥到极致，往往仅能获得一些经济利益，而一旦与中高级发展阶段企业建立的平台合作，在获得经济利益的基础上，还能够获得更多的社会利益。

（3）对于商家的启示。商家在与平台和博主展开合作的过程中，也应付出自身的最大努力促进 SC-CKT 的顺利进行。当前 SC 环境下，许多商家仅在合作的过程中提供佣金支持，而对于 SC-CKT 过程的付出很少，这可能导致 SC-CKT 的总利益以及商家的利益受损。从分散型利益分配模式来看，产品的销售与各主体的营销努力存在正相关关系，即商家营销努力的提高，也会促进产品的销售；从集中型来看，各主体的营销努力占比为利益分配的标准，即商家的营销努力程度越高，最终分得的利益越多；从合作型来看，商家的贡献、努力程度等在一定程度上决定了商家所分配利益的权重。因此，无论在何种 SC-CKT 情景下，商家都应该尽可能地付出自身的努力来促使自身分配到更多的利益。

（4）对于行业的启示。应对行业现有的利益分配模式进行改革和规范化。现有的利益分配模式包括固定等级分配模式、提成模式和混合模式，这些模式存在着收益无法体现价值、行业无法持续发展、未考虑集体利益和非经济利益以及话语权存在偏差等问题。若不尽快提高该行业利益分配的改革举措，将有可能导致行业发展迟缓、商家在无法维持自身利益的情况下，打破现有博主、商家和平台的合作局面，实现商家自主推广的商家与平台的合作。这对于各主体、行业以及消费者而言都是一种损失。

三、创新点

（1）本书首次基于 SC-CKT 的情景，从企业发展阶段和知识显性化难易程度两个维度，构建了利益分配的四种基础场景，提出了相应的四种利益分配模式和方法。以往的多方合作利益分配研究中仅针对该领域的普遍场景提出了对应的利益分配方法，没有考虑不同场景的差异性。本书聚焦于 SC-CKT 利益分配场景差异性提出的利益分配模式和方法，不仅将利益分配研究拓展到 SC-CKT 应用领域，而且深化了已有关于多主体利益分配模式和方法的研究。

（2）本书在进行 SC-CKT 利益分配研究时，所分配的利益不仅包括相关经济利益，还包含非经济利益。在以往的多方合作研究中，学者们仅对能够统一度量的经济利益进行分配。本书所提出的 SC-CKT 各主体非经济利益增值及量化分配方法，可以为后续研究全面考虑经济利益和非经济利益的分配提供方法基础。

（3）本书构建了以各主体的最优营销努力占比与总利益的乘积为基础的利益分配方法，以解决集中决策下的利益分配问题。以往追求集体利益最大化的利益分配研究只给出了各主体利益协调的指导方向，并没有提出具体的利益分配方法。本书所提出的基于营销努力占比的集中型利益分配方法，不仅符合各主体集中决策时集体利益最大化的原则，而且有效地解决了该决策情境下的利益分配问题，可以弥补多主体集中决策下缺乏有效的利益分配方法的不足。

四、不足与展望

由于作者学术能力和时间的限制，本书的研究还存在一定的局限性，在未来的研究中可以进一步完善：

（1）目前研究的 SC-CKT 只是参与了成熟产品的推广阶段，对产品进行解释、分享来实现销售和营销目的，即只涉及传播价值阶段。然而 SC-CKT 还涉及产品的创造阶段，可能包括设计、研究等，如小米社区等，在顾客提出对企业有价值的建议，企业在采纳后得到了很好的效果，通过这样的顾企合作获得的成果收益在顾客和企业之间的分配问题还未得到解决。因此，对于整个价值链生成前端的利益分配如何进行还需要进一步研究。

（2）在构建利益分配模式时，维度要素选择较少。SC-CKT 合作过程中的参与者包括博主、商家和平台，通过知识显性化难易程度和企业发展阶段作为构建模式的维度选择要素，分别对应博主和平台的相关属性，但关于商家的属性要素并未考虑在内。商家作为 SC-CKT 合作中不可或缺的一部分，同样可以选择相应的维度作为构建模式的维度，如采用商家产品的价格高低、商家的品牌影响力的大小等进行维度划分，可以得到更多的 SC-CKT 情景，进而得到更加精确的模式和方法选择标准。

参考文献

［1］ Hsiao K L, Chuan-Chuan Lin J, Wang X Y, et al. Antecedents and conse-quences of trust in online product recommendations: An empirical study in social shop-ping ［J］. Online Information Review, 2010, 34 (6): 935-953.

［2］ Jeuland A P, Shugan S M. Managing channel profits ［J］. Marketing Sci-ence, 1983, 2 (3): 239-272.

［3］ Joshi K D, Sarker S, Sarker S. Knowledge transfer within information sys-tems development teams: Examining the role of knowledge source attributes ［J］. De-cision Support Systems, 2007, 43 (2): 322-335.

［4］ Kamiyama N, Kawahara R, Hasegawa H. Optimum profit allocation in coali-tional VoD service ［J］. Computer Networks, 2013, 57 (15): 3081-3097.

［5］ Ko D, Kirsch L J, King W R, et al. Antecedents of knowledge transfer from consultants to clients in enterprise system implementations ［J］. Management Informa-tion Systems Quarterly, 2005, 29 (1): 59-85.

［6］ Szulanski G. Exploring internal stickiness: Impediments to the transfer of best practice within the firm ［J］. Strategic Management Journal, 1996, 17 (S2): 27-43.

［7］ 鲍会鹏, 孙锐, 林春培. 社群用户转移意愿与能力对企业知识转移绩效的影响 ［J］. 科技进步与对策, 2015, 32 (3): 133-139.

［8］ 戴建华, 薛恒新. 基于 Shapley 值法的动态联盟伙伴企业利益分配策略

［J］. 中国管理科学，2004（4）：34-37.

［9］董明堂. 论经济利益交换的衡量尺度［J］. 河北学刊，1994（1）：21-25.

［10］董新凯，田源. 知识产权强省界定及其评价指标体系构建［J］. 科技进步与对策，2015，32（7）：112-117.

［11］付东普. 基于沟通匹配视角的个体间知识转移模型研究［J］. 情报理论与实践，2014，37（2）：61-65.

［12］付秋芳，马健瑛，忻莉燕. 基于 Shapley-RIEP 值的供应链收益分配模型［J］. 统计与决策，2015（2）：52-56.

［13］甘春梅，林恬恬，肖晨等. S-O-R 视角下社会化商务意愿的实证研究［J］. 现代情报，2018，38（9）：64-69+97.

［14］高长春，刘诗雨，黄昕蕾. 创意产业集群知识网络知识转移行为仿真分析——基于知识刚性及知识异质性视角［J］. 科学管理研究，2019，37（4）：79-86.

［15］葛秋萍，汪明月. 基于不对称 Nash 谈判修正的产学研协同创新战略联盟收益分配研究［J］. 管理工程学报，2018，32（1）：79-83.

［16］洪志生，沙勇，李欠强. 基于顾客参与的社会化商务创新研究现状探析［J］. 北京工商大学学报（社会科学版），2015，30（5）：92-98.

［17］蒋天颖，程聪. 企业知识转移生态学模型［J］. 科研管理，2012，33（2）：130-138.

［18］李钢，卢艳强. 虚拟社区知识共享的"囚徒困境"博弈分析——基于完全信息静态与重复博弈［J］. 图书馆，2019（2）：92-96.

［19］卢俊义，王永贵. 顾客参与服务创新与创新绩效的关系研究——基于顾客知识转移视角的理论综述与模型构建［J］. 管理学报，2011，8（10）：1566-1574.

［20］吕萍，张云，慕芬芳. 总承包商和分包商供应链利益分配研究——基于改进的 Shapley 值法［J］. 运筹与管理，2012，21（6）：211-216.

[21] 马宝龙，王高，李金林等．关系营销范式下营销努力对客户行为的影响研究［J］．南开管理评论，2009，12（3）：152-160.

［22］穆喜产，宋素玲，吴云燕等．顾客联盟的利益分配问题研究［J］．软科学，2009，22（1）：127-131.

［23］戚湧，魏继鑫．基于博弈理论的科技资源共享研究［J］．科技进步与对策，2015，32（9）：10-15.

［24］邱丹青，周孟兆．SNS 社交网络个人用户持续使用行为的影响因素研究［J］．中国新技术新产品，2014（5）：11-12.

［25］沈璐，庄贵军，姝曼．品牌帖子转发与品牌偏好之间的因果关系［J］．管理科学，2016，29（1）：86-94.

［26］孙瑞山，胡臻，汪磊等．基于权的最小平方法和熵权法的机务维修人员疲劳影响因素研究［J］．安全与环境工程，2016，23（3）：167-170.

［27］孙新波，张大鹏，吴冠霖等．知识联盟协同创新影响因素与绩效的关系研究［J］．管理学报，2015，12（8）：1163-1171.

［28］孙耀吾，顾荃，翟翌．高技术服务创新网络利益分配机理与仿真研究——基于 Shapley 值法修正模型［J］．经济与管理研究，2014（6）：103-110.

［29］陶晓波，杨学成，许研．社会化商务研究述评与展望［J］．管理评论，2015，27（11）：75-85.

［30］王选飞，吴应良，黄媛．基于合作博弈的移动支付商业模式动态联盟企业利益分配研究［J］．运筹与管理，2017，26（7）：29-38.

［31］王智生，李慧颖．基于 Stackelberg 博弈的 R&D 联盟知识转移决策模型［J］．科研管理，2016，37（6）：74-83.

［32］项勇，任宏．基于 ANP-TOPSIS 方法的智慧城市评价研究［J］．工业技术经济，2014，33（4）：131-136.

［33］严法善，李峰．私营企业内部的经济利益关系分析［J］．当代经济研究，2000（3）：28-33.

［34］杨学成，陶晓波．社会化商务背景下的价值共创研究——柔性价值网

的视角［J］. 管理世界，2015（8）：170-171.

［35］杨艳，景奉杰. 新创小微企业营销绩效研究：顾客合法性感知视角［J］. 管理科学，2016，29（2）：66-76.

［36］张瑜，菅利荣，刘思峰等. 基于优化 Shapley 值的产学研网络型合作利益协调机制研究——以产业技术创新战略联盟为例［J］. 中国管理科学，2016，24（9）：36-44.

［37］章玲，方建鑫，周鹏. 新能源发电绩效评价研究综述——基于多指标评价方法［J］. 技术经济与管理研究，2014（1）：3-8.

［38］周衍平，左弈，陈会英. 科技型中小企业专利组合质押融资利益分配机制研究［J］. 经济问题，2021（5）：39-46.

［39］朱翠萍，汪戎. 个人行为的经济学解释［J］. 经济问题探索，2008（10）：15-20.

［40］朱秀梅，陈琛，蔡莉. 网络能力、资源获取与新企业绩效关系实证研究［J］. 管理科学学报，2010，13（4）：44-56.

［41］朱秀梅，费宇鹏. 关系特征、资源获取与初创企业绩效关系实证研究［J］. 南开管理评论，2010，13（3）：125-135.

［42］祝琳琳，李贺，刘金承等. 在线评论信息质量感知评价指标体系构建研究［J］. 情报理论与实践，2021，44（4）：118+138-145.